Un minuto con las
Mujeres
de la Biblia

Libros de Elizabeth George publicados por Portavoz:

Acaba con tus preocupaciones… ¡para siempre!
Ama a Dios con toda tu mente
Biblia de la mujer conforme al corazón de Dios (editora general)
Colosenses/Filemón: Descubre la gracia de Dios
Cómo criar a una hija conforme al corazón de Dios
Encuentra la senda de Dios en medio de tus problemas
Ester: Descubre cómo ser una mujer bella y fuerte
Filipenses: Experimenta la paz de Dios
Guía de una joven para descubrir su Biblia
Guía de una mujer para las buenas decisiones
Hechos: El poder del Espíritu Santo
Jardín de la gracia de Dios
Jueces/Rut: Cultiva una vida de integridad
Lecturas devocionales para una madre conforme al corazón de Dios
Lucas: Vive con pasión y propósito
María: Cultiva un corazón humilde
Momentos de gracia para el corazón de la mujer
1 Pedro: Cultiva un espíritu afable y apacible
Promesas poderosas para toda pareja (coautora)
Proverbios 31: Descubre los tesoros de una mujer virtuosa
Proverbios para el corazón de la mujer
Sabiduría de Dios para la vida de la mujer
Santiago: Crece en sabiduría y fe
Sara: Camina en las promesas de Dios
Sigue a Dios con todo tu corazón
Tienes un amigo en Jesús (para chicas)
Un minuto con las mujeres de la Biblia
Una esposa conforme al corazón de Dios
Una madre conforme al corazón de Dios
Una mujer conforme al corazón de Jesús
Una mujer que ora por su esposo
Una pareja conforme al corazón de Dios (coautora)

Un minuto con las
Mujeres
de la Biblia

ELIZABETH GEORGE

EDITORIAL
PORTAVOZ

La misión de *Editorial Portavoz* consiste en proporcionar productos de calidad —con integridad y excelencia—, desde una perspectiva bíblica y confiable, que animen a las personas a conocer y servir a Jesucristo.

EDITORIAL PORTAVOZ
2450 Oak Industrial Drive NE
Grand Rapids, Michigan 49505 USA
Visítenos en: www.portavoz.com

ISBN 978-0-8254-5757-9 (rústica)
ISBN 978-0-8254-6650-2 (Kindle)
ISBN 978-0-8254-7466-8 (epub)

1 2 3 4 5 edición / año 27 26 25 24 23 22 21 20 19 18

Impreso en los Estados Unidos de América
Printed in the United States of America

Contenido

Propósito para toda la vida 9
Eva, la Sra. Noé, Sarai/Sara, Agar

Devoción del corazón 45
Milca, Rebeca, Débora

**Confianza en el amor
y en la dirección de Dios** 75
Raquel, Lea, Bilha

Valor para aceptar el desafío 105
*Sifra y Fúa, Jocabed, la hija del faraón de
Egipto, Miriam, las mujeres nazareas, Rahab,
Acsa, Débora, Jael, la hija de Jefté*

**Esperanza que
resplandece en la oscuridad** 145
La esposa de Manoa, Noemí, Rut, Ana

Sabiduría y fortaleza para el camino 179
*Abigail, Betsabé, la reina de Sabá, la viuda de
Sarepta, Ester, la mujer de Proverbios 31*

Bendición a través de
la extraordinaria provisión de Dios   215

María, la madre de Jesús; la madre de Santiago y de Juan; la esposa de Pilato; las mujeres en el sepulcro de Jesús; una mujer sirofenicia; Elisabet; Ana

Fidelidad en todo   253

Las mujeres que siguieron a Jesús, María Magdalena, la esposa de Jairo, María y Marta, la viuda con las dos blancas, Lidia, Priscila, Febe, Loida, Eunice, Tú

Notas   283

Una nota de parte de Elizabeth

¿Amas a Dios y quieres conocer más sobre Él? ¿Quieres saber cómo Él ayuda y sostiene a su pueblo... incluyéndote a ti? ¿Estás buscando formas para manejar los momentos difíciles? ¿Pautas para tomar mejores decisiones? ¿O tienes dudas sobre cómo demostrar tu amor por Él? ¿Quizás te gustaría tener una mentora; una mujer que haya seguido a Jesús durante mucho tiempo y quiera ayudarte en tu jornada de fe?

A través de lecturas reveladoras que se enfocan en las mujeres de la Biblia descubrirás cómo Dios dirige, anima, usa y obra en las vidas de las personas. Estas lecturas devocionales, escritas especialmente para ti, son para la mujer moderna, y son muy útiles y prácticas. Las mujeres en la Palabra de Dios me han enseñado —y te enseñarán a ti también— cómo vivir el plan y la voluntad del Señor ahora... ¡hoy! También compartiré contigo la sabiduría que Él me ha enseñado a través de los muchos años que he vivido para Él. Juntas exploraremos cómo seguir y servir al Señor sin reservas, cómo amar más profundamente a nuestro prójimo, cómo fortalecer nuestra confianza en Él, y cómo poner alas a nuestros sueños. Caminaremos al lado de estas mujeres, y descubriremos las características y los dones que florecen en las mujeres que siguen a Dios:

propósito, devoción, confianza, valor, esperanza, sabiduría, bendición y fidelidad.

Es mi oración que cada paso de tu travesía hacia una fe más grande esté llena de alegría, deleite y aventura. ¡Jamás serás la misma después de caminar con las mujeres de la Biblia!

Tu amiga en Él,

Elizabeth George

Propósito para
toda la vida

Eva

El reflejo de la gloria de Dios

Y creó Dios al hombre a su imagen.
GÉNESIS 1:27

¿*abes que fuiste creada a imagen de Dios?* Cuando Dios creó a la mujer, la creó a su imagen. Toma un momento para asimilar esto en tu corazón y en tu mente. Eres creativa, inteligente y juiciosa porque fuiste creada a imagen de Dios.

¿*Sabes que eres un reflejo de la gloria de Dios?* Es lo que significa ser creada a su imagen. Reflejas a Él a otras personas. Cada vez que te acercas a alguien con amor, que realizas un acto de bondad, que el perdón ablanda tu corazón, que demuestras un poco de paciencia adicional y que sigues adelante en fidelidad, otras personas experimentan el carácter de Dios a través de ti.

¿*Sabes que fuiste creada para el compañerismo y la comunión con Dios?* «Fiel es Dios, por el cual fuisteis llamados a la comunión con su Hijo Jesucristo nuestro Señor» (1 Corintios 1:9).

Como reflejo de la gloria de Dios, dale las gracias y…

Decide que nunca vas a criticarte ni a subestimarte, sino más bien

Alégrate de que eres una creación admirable y maravillosa.

Decide caminar con fe por sendas que tal vez no entiendas, y

Alégrate en la promesa de que Él está cerca y dirige tus pasos.

Decide vivir como una hija de Dios a través de su Hijo, Jesucristo, y

Alégrate de que, como hija de Dios, tu nombre está escrito en el cielo.

Decide estar diariamente en comunión con Dios por medio de la oración y el estudio de la Biblia, y

Alégrate cada día en su fortaleza y ten esperanza en Él para el mañana.

Decide reflejar su gloria, y

¡*Alégrate* en su amor!

_____

_____

_____

_____

_____

_____

_____

_____

_____

2 Eva

La más hermosa de la creación

Varón y hembra los creó.
GÉNESIS 1:27

Dios estuvo ocupado durante seis días creando su nuevo y hermoso mundo. El escenario estaba preparado. El escenario majestuoso del Creador estaba terminado y en su lugar. El sol, la luna y las estrellas iluminaban su planeta perfecto. Todas las criaturas, grandes y pequeñas, disfrutaban de un entorno perfecto. Sin embargo, Dios todavía no había terminado. Por fin presentó sus obras maestras al resto de la naturaleza. Primero, el hombre, Adán. Luego —por último y de forma espectacular— la mujer, Eva.

Diseñada por un Dios perfecto, Eva reflejaba la perfección divina en su femineidad. Creada para una posición de honor, la mujer nació para el trono de gloria más elevado y maravilloso: «la mujer es gloria del varón» (1 Corintios 11:7). ¿Qué puedes hacer para deleitarte en tu femineidad?

- *Acéptala.* No hay razón para sentirte inferior, de segunda clase o de segunda categoría. La mujer fue la última creación de Dios. Después de presentar a la mujer, Él declaró que su creación «era muy buena». Adán y Eva eran parecidos, aunque diferentes. Él era un hombre y ella, una mujer. Juntos, así como individualmente, reflejaban la imagen y la gloria de Dios.

- *Acoge tu condición de mujer.* Reconoce tu encanto, tu singularidad, tu belleza como mujer. Deléitate en la artesanía de Dios… en ser una mujer.

- *Cultiva tu femineidad.* Este libro trata sobre las mujeres encantadoras, magníficas, hermosas y valoradas por Dios que encontramos en la Biblia. Mientras vas leyendo, permite que las verdades de Dios impregnen tu entendimiento. ¡Eres valiosísima para Él!

- *Destácate en tu rol como mujer.* Como mujer de Dios, hazte el propósito de ser lo mejor de lo mejor. Deléitate en su diseño perfecto y en su voluntad buena, agradable y perfecta para tu vida. Él te creó mujer. Como tal, únete a la posición exaltada de Eva como «la más hermosa de la creación».[1]

_____

_____

_____

_____

_____

_____

_____

_____

_____

_____

Legado de vida

Eva… sería la madre de todo ser viviente.
GÉNESIS 3:20, NVI

«¡Culpable!» fue el fallo de Dios después de que la esposa de Adán escuchó al tentador, comió del fruto prohibido e involucró a su esposo en la rebelión. Esto resonó en el corazón y en la mente de Eva. No había duda respecto a su culpa. Pero, a medida que las tinieblas se imponían, ella escuchó a Adán decir: «El hombre [Adán] llamó Eva a su mujer, porque ella sería la madre de todo ser viviente» (NVI). Y, con estas palabras, Eva vislumbró un nuevo rayo de luz.

Como le fue dado un nombre lleno de promesa, Eva se dio cuenta de que ella, la pecadora culpable, aún podía servir a su Dios misericordioso y perdonador. ¿Cómo? Dando a luz a los hijos de Adán y convirtiéndose en madre de muchas generaciones (1 Corintios 11:12). Su nombre reflejaba el papel que desempeñaría en la historia espiritual.

«Eva». De la muerte emanó vida. De la oscuridad, luz. De la maldición, una bendición. De una sentencia a muerte, la esperanza para el futuro. De la hiriente desesperación de la derrota, la fortaleza de una fe en ciernes. ¡Eva era la madre de todos!

¿Sabes que tu vida también tiene importancia? Cierto, compartes la sentencia de muerte física de Eva (Romanos

5:12), pero también tienes vida para dar y legar a otros. ¿Cómo?

- Das vida cuando haces el intento físico de ayudar a otras personas.

- Compartes vida espiritual cuando les hablas a otros sobre Jesús.

- Eres la vida de tu hogar cuando traes la chispa de la risa y la alegría a otros.

- Das vida física a tus hijos.

- Puedes legarles a tus hijos el potencial de vida eterna cuando les enseñas el evangelio de Jesucristo.

Alimenta tu vida espiritual profundizando tus raíces en el amor de Dios. La energía de la vida, el propósito de la vida… ¡todo lo que puedes legar que tiene vida proviene del Señor!

_____

_____

_____

_____

_____

_____

_____

_____

_____

Navegando en el plan de Dios

Pero contigo estableceré mi pacto, y...
[con] tu esposa.
GÉNESIS 6:18, NVI

No conocemos su nombre, así que llamémosla «Sra. Noé». Ella vivía sus días amando a su esposo, Noé, criando a sus tres hijos y atendiendo a su hogar. La vida cotidiana era sencilla... hasta que llegó el «llamado» del Señor.

Afligido por la maldad humana, Dios decidió destruir a los seres humanos, a los animales terrestres y a las aves del cielo. Como Noé confiaba en Dios y caminaba con Él, Dios decidió que él y su familia se salvarían, y le pidió que construyera un arca.

A medida que Noé avanzaba en obediencia, la Sra. Noé pudo haberse preguntado: *¿Cómo puedo ayudar a mi esposo a cumplir el plan de Dios? ¿Qué puedo hacer?*

Orar. Ella podía orar por toda la humanidad conforme se acercaba el juicio de Dios, por su esposo mientras él servía al Señor y para que su familia también siguiera a Dios.

Animar. Los esposos prosperan cuando escuchan palabras alentadoras y esperanzadoras de sus esposas. Ella podía animar a Noé en su trabajo.

Creer. Quizás la Sra. Noé tenía preguntas sobre el arca y la posibilidad de un diluvio, pero podía elegir creer.

Ayudar. Ella podía ayudar con los animales y juntar el alimento que necesitarían para su misteriosa travesía de fe.

Seguir. Ella podía —por fe— seguir la dirección diaria de su esposo, durante los 120 años o los 43.800 días que tomó construir el arca… hasta entrar en el arca de salvación que transportó a su familia hacia un futuro desconocido.

> *Señor, quiero tener la fe que ora persistentemente, que elige justicia, que alienta a otros creyentes, que ayuda a tu reino y que te sigue fielmente. Ayúdame a encontrar fortaleza para hoy y esperanza para mañana mientras navego hacia el futuro que tienes para mí.*

_____

_____

_____

_____

_____

_____

_____

_____

_____

_____

Cree una vez más

Sarai era estéril, y no tenía hijo.
GÉNESIS 11:30

«Sarai era estéril, y no tenía hijo». Siete palabras. La declaración sencilla de una triste y dura realidad. Tal vez Sarai (a quien después Dios llamó Sara) se preguntaba: *¿Qué ha pasado? ¿Qué he hecho mal? ¿Por qué Dios no me ha bendecido con hijos?* Y las preguntas seguían y seguían… y también su dolor. Nada podía aliviarlo, calmarlo o quitárselo. La esterilidad era un estigma grabado profundamente en su alma con cada amanecer sin hijos.

Sara era la esposa de Abram (cuyo nombre fue cambiado por Abraham) y una seguidora de Dios. Ella fue estéril por muchos años, pero, ya en su vejez, Dios les prometió un hijo a Abraham y a Sara. Sin embargo, el bebé estaba tardando mucho en llegar. Con un corazón afligido y lágrimas desgarradoras, Sara confió en Dios una vez más, por un día más, una y otra vez. A pesar de algunos reveses, Sara descubrió que la fe es la mejor manera de enfrentar las aflicciones de la vida, en lugar de rendirse, sucumbir a la amargura, arremeter contra otros, darle la espalda a Dios, ceder ante un espíritu contencioso y manipular la situación.

Sara se aferró a la promesa de Dios durante once años. ¡Eso es decir «una vez más» más de 4.000 veces! Entonces se cumplió la promesa de Dios y nació Isaac. ¡Ah, solo puedo imaginar la alegría de Abraham y de Sara!

La fe, como un músculo físico, se desarrolla y se fortalece con el uso. Tu fe aumenta cada vez que confías en Dios al enfrentar circunstancias intolerables, inusuales e inalterables. ¿Qué asunto difícil estás enfrentando hoy día? ¡Busca a Dios una vez más! Vuélvete hacia lo desconocido, lo invisible, lo eterno y verás cómo crece tu fe.

6 Sara

La fe es seguir adelante

Tomó, pues, Abram a Sarai su mujer...
y salieron para ir a tierra de Canaán.
GÉNESIS 12:5

«¡Oh, esta angustia! ¿Se acabará algún día?». Tal vez estas palabras ensombrecieron los pensamientos de Sara el día que, siguiendo a su esposo rebosante de fe, salió de Harán. Irse de Harán ya era bastante malo, ¡pero dirigirse a la tierra de Canaán empeoraba todo! Canaán estaba a más de 900 kilómetros de su familia y de sus amistades. En opinión de Sara, Abraham le había anunciado que se iban a la Tierra de Nadie.

Y cuando Sara ya se estaba acostumbrando a la Tierra de Nadie, les sorprendió una hambruna y tuvieron que mudarse a Egipto... ¡a casi 500 kilómetros de distancia! Posiblemente Sara pensó: *¡Ah, si todavía estuviéramos en Harán!*

El mirar atrás puede ser peligroso y puede estorbar tu crecimiento espiritual. Entonces, ¿cómo miramos adelante y seguimos fielmente a Dios cuando las circunstancias no son favorables? He aquí cinco pasos que podemos seguir:

Paso #1: *Mira hacia adelante.* La vida real ocurre en el presente, y las bendiciones de Dios ocurren ahora y en el futuro.

Paso #2: *Acepta tus circunstancias.* Dios usa las dificultades de la vida para ayudarte a madurar y a crecer en Él.

Paso #3: *Si estás siguiendo a Dios*, lo encontrarás en todas tus circunstancias.

Paso #4: *Confía en el Señor.* Dios te guardará en perfecta paz cuando tu mente está enfocada en Él.

Paso #5*: Ten esperanza para el futuro.* Dios es la estrella resplandeciente que alumbrará tu camino en la oscuridad presente.

Querido Dios de Sarai,
permite que alguien como yo
pueda ver lo bueno en lo malo
y la fe que necesito…
¡para seguirte!

_____

_____

_____

_____

_____

_____

_____

_____

_____

_____

_____

Aliento y bendición

La encontró el ángel del Señor.

Génesis 16:7, NVI

Sin duda, las vidas de Abraham y de su esposa, Sara, fueron muy interesantes. Aunque ambos sirvieron a Dios, también eran seres humanos y cometieron errores. Pero, aun así, Dios les prometió un hijo en su vejez. Sara, quien había sido estéril toda su vida, se impacientó y decidió «ayudar» a Dios pidiéndole a su sierva, Agar, que le diera un hijo a Abraham.

Agar quedó embarazada, pero las cosas no estaban saliendo como Sara las había planificado. Ahora, Agar miraba a Sara con desprecio y arrogancia. Tal vez lo hizo para alardear de su capacidad para quedar embarazada. Quizás le daba órdenes a Sara porque estaba embarazada con el hijo de Abraham. A la larga, Sara se hartó. Consultó a Abraham, y luego comenzó a maltratar a Agar.

Agar decidió huir, haciéndole así honor a su nombre, que significa «huida [fuga]». Se fue al desierto, con sus emociones muy alteradas.

No obstante, Dios estaba velando por Agar y el hijo nonato de Abraham. Él envió a un ángel para animar a esta mujer consternada. Por medio del ángel, Agar recibió de parte de Dios:

- *Instrucciones*. Para su seguridad y bienestar —y la del hijo también—, el ángel le dijo que regresara a Sara. Allí recibiría alimento, agua, albergue y ayuda.

- *Aliento*. El ángel le dijo que tendría un hijo. Aunque en aquel momento la vida era sombría, algún día tendría un hijo y una familia.

- *Una promesa*. Dios multiplicaría los descendientes de Agar. Aunque Agar era una esclava, se convertiría en la madre de muchos.

¡Qué gran aliento y bendición para Agar!

¿Necesitas aliento? ¿Una visión nueva y resplandeciente? Pasa tiempo con Dios… hablándole y escuchándole. Lee sus «cartas» —la Biblia— para que descubras sus promesas, su sabiduría y sus instrucciones.

_____

_____

_____

_____

_____

_____

_____

_____

_____

_____

_____

Promoción con propósito

No la llamarás Sarai.

GÉNESIS 17:15

En tiempos bíblicos, un cambio de nombre esencialmente significaba una «promoción»: el reconocimiento de un nuevo estatus. Y, como en la escuela, las promociones hay que ganárselas. Tienes que aprobar las asignaturas obligatorias antes de recibir el diploma. Génesis 17 nos presenta una instantánea de la promoción de Sara en la escuela de la fe. Dios le dijo a Abraham: «A Sarai tu mujer no la llamarás Sarai, mas Sara será su nombre. Y la bendeciré, y también te daré de ella hijo; sí, la bendeciré, y vendrá a ser madre de naciones».

¿Qué asignaturas aprobó Sara para reunir las condiciones necesarias para la promoción? Mientras lees, califícate en los espacios en blanco que hay a continuación.

- *Sara siguió a su esposo.* Ella confió en Abraham mientras él obedecía a Dios. La vida de Sara estuvo llena de mudanzas y cambios, pero ella aceptó su estilo de vida como la voluntad de Dios, y a su esposo como un instrumento de Dios en su vida. _____

- *Sara confió en Dios.* Por poco no aprueba la asignatura, pero el amor de Dios cubrió sus errores. Ella creció en fe, mientras esperaba… oraba… y confiaba en Dios. _____

- *Sara esperó en Dios.* En realidad, todavía estaba aprendiendo a esperar. Sara estaba recibiendo la instrucción necesaria para continuar su larga espera por el hijo que Dios le había prometido. Esperar nunca fue fácil para Sara. _____

- *Sara desarrolló un espíritu afable y apacible.* «Sarai» tenía la connotación de «contienda» y también de «princesa» y, sin duda, hubo momento en los que fue peleona. Pero, con el tiempo, Sara se adornó con la clase de espíritu que agrada a Dios (1 Pedro 3:4-5). _____

¿Cómo te fue? ¿Qué pasos puedes dar para crecer en estas áreas? ¡Escríbelos y propone empezar hoy! Continúa avanzando en la escuela divina de la fe.

_____

_____

_____

_____

_____

_____

_____

_____

_____

_____

_____

En espera de promesas futuras

Yo la bendeciré, y por medio de ella te daré un hijo.

GÉNESIS 17:16, NVI

¿Cuántas veces había ocurrido? Sara podía contar por lo menos cinco veces en las que Dios le había prometido a Abraham un hijo, una semilla, una descendencia… ¡y todavía no estaba embarazada! Por un tiempo, ellos pensaron que Ismael, el hijo de Abraham con Agar, era «el hijo de la promesa». Pero Dios le dijo a Abraham: «¡Es Sara, tu esposa, la que te dará un hijo!». Esta vez, Dios mencionó específicamente a Sara. Con razón, Abraham inclinó su rostro y se rio. ¡Sara tenía 90 años!

Sara tenía un nombre nuevo y reluciente, y sin duda alguna quería que su fe —cada vez más profunda— fuera igual de brillante. ¿Pero acaso ella se preguntó, como hace el pueblo de Dios en ocasiones, cómo creer en las promesas de Dios cuando las situaciones parecen imposibles y la espera parece eterna? En las Escrituras encontramos muchas sugerencias sobre cómo afirmar nuestra fe.

Por elección. Lo opuesto a la fe es la incredulidad o la duda. Cuando Dios presenta una de sus maravillosas promesas, Él te ofrece la elección de aceptar su brillo deslumbrante o de apagarla en una oscura nube de duda.

Por fe. Las fuerzas para hoy y la esperanza para mañana se hacen realidad al confiar y tener fe en las promesas de Dios. Busca la obra de Dios y sus respuestas para tus preguntas. Deléitate en las fuerzas y la esperanza de Dios.

Por ejercicio. La fe es como un músculo. A través del ejercicio, poco a poco aumenta en fuerza y en tamaño. Tu fe se ejercita y te fortaleces cuando decides creerle a Dios y sus promesas, y vives conforme a ello.

¿Existe algún área en tu vida que prueba tu fe al máximo? ¿Tienes algún problema físico como Sara? ¿Un problema familiar? ¿Alguna lucha personal? ¿Una prueba financiera? ¡Ejercita tu fe! Supera cualquier incertidumbre y enfócate en Aquel cuyas promesas nunca fallan.

_____

_____

_____

_____

_____

_____

_____

_____

_____

_____

_____

_____

_____

Tu legado perdurable

Vendrá a ser madre de naciones.
GÉNESIS 17:16

Dios dijo sobre Sara: «Vendrá a ser madre de naciones; reyes de pueblos vendrán de ella». Con el tiempo, la descendencia de Sara llegó a ser «como las estrellas del cielo y como la arena que está a la orilla del mar». La lista de los descendientes de Sara incluye a grandes patriarcas de la fe, a reyes y al Salvador del mundo, Jesucristo… y continúa hasta llegar a ti si has nacido espiritualmente en el linaje de Abraham a través de Cristo (Romanos 4:16-25). La humilde Sara, peregrina de Ur y extranjera en Canaán, ¡se convirtió en la progenitora de todos los santos a través de los siglos!

Otra mujer también será madre de naciones. ¿Quién? ¡Tú! Al enseñarles fielmente a tus hijos e hijas las verdades transformadoras y vivificantes de la Biblia, les estás invitando a la familia de Dios. Cuando pasas el evangelio a tus hijos amados, ellos también, a su vez, lo pasan a la siguiente generación. ¡Tu influencia piadosa se multiplicará innumerablemente a través del tiempo y las generaciones como las estrellas y la arena!

Tal vez estés pensando: *Yo no tengo hijos. Esto no me aplica.* Ah, ¡pero no es así! Cuando hablas de la verdad transformadora de Jesús con tus compañeros de trabajo, tus vecinos y tus familiares les ofreces la oportunidad de nacer espiritualmente en Él. Tienes muchísimo para ofrecer a otros. No desperdicies ni un momento de la mayordomía de tu fe. ¡Pásala!

_____

_____

_____

_____

_____

_____

_____

_____

_____

_____

_____

_____

_____

_____

_____

_____

_____

_____

_____

_____

_____

_____

_____

Las bendiciones llegarán

Al tiempo señalado… Sara tendrá un hijo.
Génesis 18:14

El «tiempo perdido» no existe… si estás esperando en el Señor. Sara, la mujer a la que Dios llamó «madre de naciones», esperó veinticinco años por el hijo que el Señor le había prometido… y mucho más allá de sus años fértiles. En medio de su gran fe, Sara vivió momentos de duda. *¿Será real la promesa? ¿Dios la cumplirá?*

Pocas cosas son más difíciles que esperar en el tiempo de Dios… su «tiempo señalado». Sin embargo, todas estamos matriculadas en la Escuela de la Espera de Dios. Él usa este tiempo para enseñarnos y transformarnos. ¡Pero también nos bendice! Busca estos regalos especiales y deléitate en ellos.

Bendición #1: Valor incrementado. La espera incrementa el valor y la importancia de lo que estás esperando. Ya sea que se trate de que termine un sufrimiento, descubrir el propósito de Dios, esperar alguna dirección, aclarar alguna confusión, poder comprar una casa, casarte, asistir a una reunión familiar, anticipar el regreso de un hijo pródigo o el nacimiento de un bebé, la espera convierte el objeto o el evento deseado en un tesoro más preciado cuando finalmente ocurre.

Bendición #2: Tiempo incrementado. Mientras estamos esperando, Dios nos da el preciado regalo del tiempo… tiempo para abrazar las circunstancias de la vida, para acercarnos más al corazón amoroso y comprensivo de Dios, para crecer en la gracia de la paciencia, para animar a otros que también están atravesando el dolor de la espera.

Bendición #3: Fe incrementada. La fe aumenta y se fortalece con el tiempo. Cuando el tiempo de espera termina y Dios te bendice con un sentido de plenitud, ¡qué gran momento para regocijarse! El resultado de esto es una fe mucho más profunda.

_____

_____

_____

_____

_____

_____

_____

_____

_____

_____

_____

_____

Sonidos de alegría

Dios me ha hecho reír.
Génesis 21:6

En la tienda se escucharon sonidos de alegría. Sara y Abraham no podían reprimir su regocijo al sostener en brazos a su hijo prometido. ¡Había terminado la esterilidad vergonzosa de Sara! Finalmente —después de veinticinco años, después de escuchar la promesa una y otra vez, después de una visita de Dios y dos ángeles—, el pequeño Isaac, suave y arrugado, les nació a unos padres avejentados y arrugados. En su alegría triunfante llamaron Isaac al bebé, que significa «risa».

Sara se maravilló: «¿Quién le hubiera dicho a Abraham que Sara amamantaría hijos? Sin embargo, le he dado un hijo en su vejez». Dios, quien es plenamente capaz, proveyó un milagro. Ahora, en lugar de ser menospreciada, la gente celebraría con ella. Isaac era hijo de su propio cuerpo, el hijo de su vejez, el hijo de la promesa de Dios, el fruto de fe probada, el regalo de la gracia de Dios, el heredero de Abraham designado en el cielo. ¿Puedes imaginarte la canción de júbilo en el corazón de Sara?

¿Por qué no unirnos a Sara en un coro de alabanza? Aún si ahora la vida es difícil, eleva tu voz con alegría por la esperanza que tienes en Cristo. Regocíjate porque ya sea aquí o en el cielo, dependiendo del tiempo señalado de

Dios, experimentarás la bendición inimaginable y plena de sus promesas maravillosas completamente cumplidas. Canta con el salmista en sublime expectativa:

> Si por la noche hay llanto, por la mañana habrá gritos de alegría… Convertiste mi lamento en danza; me quitaste la ropa de luto y me vestiste de fiesta (Salmos 30:5, 11, NVI).

La alegría espiritual no es una emoción. Es una respuesta a una vida llena del Espíritu (Gálatas 5:22). ¿Puedes «considerarte muy dichosa cuando tengas que enfrentarte con diversas pruebas»? (ver Santiago 1:22, NVI). Como un acto de fe, decide alegrarte en tu dificultad presente.

_____

_____

_____

_____

_____

_____

_____

_____

_____

_____

_____

13 Agar

El poder de creer

No temas.

GÉNESIS 21:17

Después que nació Isaac, el hijo de Sara y Abraham, hubo una gran alegría. Pero Agar, la madre de Ismael, el hijo de Abraham, no se unió a la celebración. Debido a su actitud negativa constante, Sara le pidió a Abraham que echara de la casa a Agar y a Ismael. Molesto, Abraham le consultó a Dios, quien le dijo que hiciera lo que Sara le había pedido. Pero Dios también le aseguró a Abraham que Él cuidaría de Ismael. Así que Abraham le dijo a Agar que ella y su hijo tenían que irse (Génesis 21).

En el desierto se les acabó el agua, y Agar e Ismael estaban muriendo de deshidratación. Lo mejor que Agar pudo hacer fue colocar a su hijo a la sombra de un arbusto, alejarse para no escuchar sus sollozos lastimosos y llorar desconsoladamente mientras esperaba que llegara la muerte. De pronto, como un trueno en el cielo, oyó la voz de un ángel: «No temas; porque Dios ha oído la voz del muchacho en donde está». ¡Cuán animada debió haberse sentido Agar!

¿Cuáles son tus «no temas» preferidos en la Biblia? ¿Están en tu lista estos versículos de la Reina-Valera 1960?

«No temas… yo soy tu escudo» (Génesis 15:1).

«No temas, porque yo estoy contigo» (Génesis 26:24).

«No temáis; estad firmes, y ved la salvación que Jehová hará hoy con vosotros» (Éxodo 14:13).

Cualquier conflicto se gana de antemano si «no temes». Entonces, ponte la armadura de los «no temas» bíblicos, y formarán una cobertura eficaz y protectora contra el miedo. Memorízalos o escríbelos, y mantenlos a mano para usarlos cuando los necesites. «Porque no nos ha dado Dios espíritu de cobardía, sino de poder, de amor y de dominio propio» (2 Timoteo 1:7). ¡Alaba el maravilloso nombre de Dios!

_____

_____

_____

_____

_____

_____

_____

_____

_____

_____

_____

_____

_____

Agar

¡Haz algo!

Levántate, alza al muchacho.

GÉNESIS 21:18

En la biografía de Agar, Dios presenta los dos pasos de un plan poderoso para sobrellevar exitosamente las adversidades y superar los obstáculos de la vida:

Paso #1: *Una orden negativa:* ¡No temas!

Paso #2: *Una orden positiva:* ¡Haz algo!

La energía de Agar se había agotado, y también su fe, cuando Dios emitió la orden del Paso #1. Mientras Agar y su hijo esperaban la muerte en el desierto, el ángel del Señor les ordenó: «¡No temas!».

Luego Dios pronunció el Paso #2: «¡Levántate!». En otras palabras, «¡Haz algo! Ponle pies a tu fe». El mensaje de Dios era: «No te rindas. Ponte de pie. Continúa. Muévete. Ármate de valor. ¡Actúa!».

¿Por qué un llamado a la acción? Porque la acción —el seguir haciendo lo que puedas hacer—, te ayuda a vencer la depresión, a aplazar el fracaso, a deshacerte de la desesperanza y a derrotar el desánimo.

¿Qué desafíos hay en tu camino hoy? ¿Estás enfrentando una situación desesperada? ¿Probabilidades imposibles de superar? ¿Un desastre? Sintoniza tu oído, tu corazón y tu fuerza a la voz de sabiduría de Dios, que te dice: «¡Levántate… muévete… haz algo!». Pídele sabiduría y dirección, y luego planifica tu día. Haz una lista de cosas por hacer. Levántate del sofá o de la cama. Comprométete con la vida, con seguir adelante, con avanzar «hacia la meta para ganar el premio que Dios ofrece mediante su llamamiento celestial en Cristo Jesús» (Filipenses 3:14, NVI). Accede a la fortaleza que te ha sido prometida en Cristo.

Adopta una actitud y postura de «¡adelante!». ¡Actúa! Una ley de la física afirma: «Un cuerpo en reposo tiende a permanecer en reposo, un cuerpo en movimiento tiende a permanecer en movimiento». Así que, ¡muévete!

Hacer algo es un buen consejo, pero debes prestar atención a una advertencia. Cerciórate de que tu movimiento va en la dirección de Dios. Lee su Palabra. Busca consejos piadosos. Luego, con la dirección de Dios, muévete con propósito.

_____

_____

_____

_____

_____

_____

_____

_____

_____

_____

_____

_____

Agar

La abundante provisión de Dios

Y ella vio un pozo de agua.
GÉNESIS 21:19, NVI

El Dios que provee se acercó y ayudó a Agar y a su hijo cuando estaban a punto de morir en el desierto. Dios escuchó sus sollozos, satisfizo sus necesidades, los alentó y los instruyó. ¡Pero Él no se detuvo ahí!

Promesa: para resaltar que no todo estaba perdido, Dios le prometió a Agar: «yo haré de él una gran nación». Cuando no podía verse ningún rayo de esperanza, Dios le dio a esta madre una promesa a la que podía aferrarse.

> Cualesquiera que sean tus circunstancias, te ha prometido «todas las cosas que pertenecen a la vida» (2 Pedro 1:3). Puedes ir por la vida impulsada por la promesa de fidelidad de Dios.

Dirección: independientemente si Agar alzaba o no su vista hacia Dios, Dios sí la miraba… y cuidaba de ella. «Dios le abrió los ojos» y la dirigió a un pozo de agua cercano. Agar estaba cegada por el miedo y el cansancio, pero Dios la guio al agua de manera segura.

Dios se deleita en dirigirte. Él está disponible constantemente para guiarte a través de las situaciones y circunstancias de tu vida. Él es el Buen Pastor que dirige a sus ovejas (Salmos 23).

Provisión: cuando Dios abrió los ojos de Agar, ella vio un pozo de agua. En su apuro aterrador, Dios proveyó un manantial, un pozo… ¡una fuente de vida!

Tu promesa para hoy —y para todos los días— es la dirección y la provisión abundante de Dios mientras caminas por sus sendas.

---

16 Sara

Recibe las etapas de la vida con los brazos abiertos

Fue la vida de Sara ciento veintisiete años.
GÉNESIS 23:1

Sara es la única mujer en la Biblia de la que conocemos la edad. Ella vivió 127 años. ¿Qué etapas vivió en esos años?

Primero, una etapa para salir. ¡Qué difícil fue para Sara salir de Ur —una metrópolis próspera y culturalmente avanzada, situada a lo largo del exuberante valle del río Éufrates— para irse a Harán (Génesis 11)! Y luego Dios a través de su esposo, Abraham, le pidió que saliera de Harán para irse al desierto árido.

Segundo, una etapa para aprender. Las lecciones de Sara incluyeron seguir a su esposo. Durante sesenta largos años nunca se establecieron en ningún lugar por mucho tiempo. Y también estaba la encomienda constante de confiar en que Dios cumpliría su promesa de darle un hijo. Durante veinticinco años de espera, la fe de Sara aumentó y disminuyó. La agonía del paso del tiempo fue particularmente difícil para Sara.

Tercero, una etapa para depender. A Sara la llevaron en harenes en dos ocasiones. Por miedo, Abraham le dijo al faraón egipcio: «Es mi hermana», y por eso el faraón la llevó al palacio. Más adelante, Abraham repitió este engaño con el rey Abimelec, quien también llevó a Sara a su casa. Separada de su esposo, Sara dependió de Dios. Ella descubrió, igual que el salmista, que «Dios es nuestro amparo y fortaleza, nuestro pronto auxilio en las tribulaciones» (Salmos 46:1).

Finalmente, una etapa para amar. Por su bondad y en su tiempo señalado, ¡Dios le regaló a Sara, a sus noventa años, su propio bebé, Isaac! ¡Cuánto debió haber atesorado cada segundo de los treinta y siete años que tuvo el privilegio de ser una madre amorosa!

¿Notaste que las «etapas» de Sara no tuvieron nada que ver con su edad? Tuvieron que ver con su situación y su actitud. ¿En qué etapa estás hoy? Confía en el propósito y el plan perfecto de Dios.

_____

_____

_____

_____

_____

_____

_____

_____

_____

Sara

¡Haz que el tiempo cuente!

Y murió Sara.
GÉNESIS 23:2

Como oí una vez en una ceremonia nupcial, el matrimonio dura «hasta que la muerte despareja a la pareja». El día llegó y, Sara, la fiel esposa de Abraham, se fue. Sin embargo, la muerte es la puerta a la vida eterna para los santos de Dios.

¿Cuántas veces has pensado en la muerte? ¿Y corresponde tu perspectiva a lo que Dios dice sobre la muerte?

Fíjate en estas verdades:

Verdad #1. Tu forma de morir es tan importante como tu manera de vivir. «Pues si vivimos, para el Señor vivimos; y si morimos, para el Señor morimos» (Romanos 14:8). Enfrenta la muerte con audacia, con valor inagotable. Tu objetivo es glorificar y exaltar a Cristo con tu vida y por medio de tu muerte.

Verdad #2. Tu perspectiva de la muerte es importante. El mundo ve la muerte como el final, como la entrada en algo desconocido, como algo terrible, algo a lo que debemos temer. Pero, para el pueblo de Dios, «el morir es ganancia» (Filipenses 1:21). Como alguien destacó: «¡Dios me despoja de todo para darme todo!».

Verdad #3. Tu definición de la muerte es importante. En Filipenses 1:23, Pablo describe la muerte como el deseo de partir y estar con Cristo. Se usa la imagen de aflojar las cuerdas de una tienda, sacar las estacas de la tierra y continuar el viaje. Cada día te acerca más al intercambio de esta vida imperfecta por una residencia en un mundo de gloria.

¿Conoces la hora de tu muerte? No. Pero la muerte es segura. Entonces, ¿qué puedes hacer cada día para asegurarte de que tu vida tenga sentido? Sé ejemplo de Cristo. Háblales a tu familia y a tus amistades sobre Él. Sé fiel a Dios. ¡Haz que tu tiempo cuente!

_____

_____

_____

_____

_____

_____

_____

_____

_____

_____

_____

_____

_____

_____

Devoción del corazón

Milca

Un nombre y un legado notables

Milca mujer de Nacor.
GÉNESIS 24:15

Su nombre aparece en la Palabra de Dios, pero no tenemos muchos detalles sobre la vida de Milca. ¿Qué sabemos?

- Su nombre significa reina.

- Su padre era Harán, el hermano de Abraham.

- Su tío era Abraham, amigo de Dios.

- Su tía era Sara, una hermosa mujer de fe.

- Su esposo era Nacor, el hermano de Abraham.

- Tuvo ocho hijos varones.

- Su encantadora nieta era Rebeca, quien más adelante se casó con Isaac.

¿Cómo puedes seguir los pasos de Milca?

Sé fiel a Dios. Cuando Abraham necesitó una esposa piadosa para su hijo Isaac —el hijo del que descendería toda la raza judía—, él supo que la encontraría entre la descendencia de Milca.

Sé fiel a tu esposo. A través de los años, Milca amó y sirvió incondicionalmente a su esposo, en las buenas y en las malas.

Sé fiel en criar a tus hijos a la manera de Dios. A Milca se le atribuyen ocho hijos. Su hijo Betuel engendró a Rebeca, quien se casó con Isaac, el patriarca.

Con dignidad y compostura, Milca estuvo a la altura de su nombre real. Ayudó a establecer una simiente piadosa en un mundo impío.

La fidelidad es el campo de entrenamiento para un servicio mayor.

¿Cómo puedes mostrar fidelidad hoy?

_____

_____

_____

_____

_____

_____

_____

_____

_____

_____

_____

_____

Consagrada a Dios

Hija de Betuel...
GÉNESIS 24:24

En las Escrituras solo encontramos un puñado de mujeres solteras. En Génesis 24, Dios presenta a Rebeca, una mujer de fe y servicio impresionantes. ¿Qué cualidades la convierten en una de las siervas especiales de Dios?

- *Pureza:* Fue una mujer casta hasta el matrimonio.

- *Laboriosidad:* En lugar de buscar un esposo, o deprimirse y lamentarse por no tener uno, Rebeca sirvió a su familia y a otros.

- *Hospitalidad:* Su hogar estaba abierto para los que necesitaban alguna ayuda.

- *Energía:* La actividad abundante es una señal de felicidad, y Rebeca tenía energía de sobra y siempre hacía esfuerzos extraordinarios para servir a otros.

Si eres soltera, Dios tiene un plan hermoso para ti. Él te anima a que seas «santa así en cuerpo como en espíritu». Además, tienes más tiempo para servir a Dios porque no estás distraída con un esposo o hijos. A medida que vayas usando las mismas cualidades que tenía Rebeca para dedicarte plenamente en «las cosas del Señor» (1 Corintios 7:34), recibirás oportunidades gloriosas para ayudar a otros.

En este momento, ¿es la soltería tu realidad? Aunque tal vez desees estar casada, mientras esperas la dirección de Dios en esa área, dedícate a Dios y entrégate de lleno a su servicio y a su causa.

_____

_____

_____

_____

_____

_____

_____

_____

_____

_____

_____

_____

_____

_____

_____

_____

_____

_____

_____

_____

Arriesgándolo todo por Dios

[Dios] enviará su ángel delante de ti.
GÉNESIS 24:7

Un hombre, ¿cómo encuentra esposa? Abraham se hallaba precisamente en ese dilema. Pero la esposa que necesitaba encontrar no era para él. Era para su único hijo, de 37 años, Isaac. «¿Quién?» y «¿Cómo?» eran probablemente las preguntas que acosaban a Abraham.

Como él entendía que la prolongación de su linaje familiar y el cumplimiento de la promesa de Dios de hacer a su familia una gran nación estaban en juego, Abraham llamó a su criado más viejo, el fiel Eliezer. Después de recibir un solemne juramento de parte de Eliezer, Abraham envió a este criado de 85 años en una travesía de más de 800 kilómetros para encontrar una esposa para Isaac. Esta mujer tendría que estar dispuesta a acompañar a Eliezer a una tierra desconocida ¡y a casarse con un hombre al que nunca había conocido! ¿Cuáles eran los requisitos que Dios y Abraham tenían para la futura esposa de Isaac?

- *No podía ser cananea.* Una esposa de un pueblo impío podría alejar a Isaac y a su descendencia del verdadero Dios.

- *Tenía que ser de la familia de Abraham.* Él le dio instrucciones a Eliezer: «Irás a la tierra de mi parentela».

- *Tenía que estar dispuesta a seguir a Eliezer a la tierra de Abraham e Isaac.* Una mujer que hiciera esto sería una mujer dispuesta a renunciar a todo —en fe— por el futuro glorioso que Dios había ordenado.

Sigue activamente —con todo tu corazón, alma, mente y fuerza— al Dios de la Biblia y adopta sus normas. Tendrás una influencia enorme en tu mundo, tus amistades, tu esposo, tus hijos y en tu familia extendida. ¡Que resplandezca la luz de Dios!

_____

_____

_____

_____

_____

_____

_____

_____

_____

_____

_____

_____

_____

_____

_____

La belleza de la diligencia

Rebeca... salía con su cántaro.
GÉNESIS 24:15

La mayoría de la gente tiende a evaluar el carácter de una persona basándose en su primer encuentro. Las primeras impresiones tienen ese tipo de impacto. Lo mismo ocurrió la primera vez que el criado de Abraham vio a Rebeca. Cansado de su largo viaje, Eliezer esperaba cerca del pozo de agua en las afueras de Nacor, adonde las jóvenes iban a sacar agua. Él oró, pidiéndole a Dios que trajera la mujer apropiada para Isaac y que esta le ofreciera agua para beber. Antes que terminara de hablar «he aquí Rebeca... salía con su cántaro sobre su hombro».

Eliezer percibió de inmediato que Rebeca era una mujer trabajadora. Probablemente, dos veces al día ella cargaba un cántaro de barro pesado hasta el pozo de agua de la ciudad para sacar agua y llevarla a su casa. ¿Qué podemos suponer sobre ella?

Nota sus hermosos atributos de diligencia y fidelidad. Observa cuidadosamente su esmero y su disposición humilde para realizar un trabajo servil. Fíjate en su capacidad para llevar a cabo tareas arduas. Admira su corazón de sierva al anteponer las necesidades de su familia sobre cualquier preocupación sobre lo que otras personas pudieran pensar.

¿Crees que el trabajo servil es degradante? ¿Piensas que otras personas, y no tú, deben hacer el trabajo físico? ¿Tienes miedo de enrollarte las mangas y hacer «tareas necesarias que nadie agradece»? En su Palabra, Dios elogia a la encantadora —y a la vez trabajadora— Rebeca. Entonces, si sientes la tentación de posponer o despreciar las tareas difíciles, mira el ejemplo y el valor de esta linda dama. Además, lee sobre la mujer de Proverbios 31: «Ciñe de fuerza sus lomos, y esfuerza sus brazos… Fuerza y honor son su vestidura» (Proverbios 31:17, 25).

¿Qué puedes hacer para ayudar e influenciar a las personas que Dios pone en tu vida? ¿Acaso tu iglesia necesita tu energía para trabajar con niños o en la Escuela Dominical o en la oficina? Mantente dispuesta a trabajar y busca hoy algún lugar donde puedas servir.

---

22 Rebeca

Espíritu de servicio

También para tus camellos sacaré agua.
GÉNESIS 24:19

Jesús dijo: «A cualquiera que te obligue a llevar carga por una milla, ve con él dos. Al que te pida, dale» (Mateo 5:41-42). Miles de años antes que el Hijo de Dios pronunciara estas palabras, la joven Rebeca ya estaba poniendo en práctica este principio.

Imagínate a un anciano con diez camellos sedientos esperando cerca de un pozo de agua en una ciudad polvorienta y árida de Mesopotamia. Eliezer, ya entrado en años, viajó más de 800 kilómetros para encontrar una esposa para el hijo de su amo. «SEÑOR, Dios... te ruego que hoy me vaya bien» (NVI), oró el agotado criado. Antes de añadir un «amén» a su petición, una hermosa joven se acercó al pozo a sacar agua.

Eliezer corrió al encuentro de la mujer y le dijo: «Te ruego que me des a beber un poco de agua de tu cántaro». ¿Cómo respondió la hermosa Rebeca? Con actitud amable y servicial, le dijo: «Bebe, señor mío». ¡Y luego se ofreció voluntariamente a sacar agua para los diez camellos!

¿Te imaginas cuántas veces Rebeca tuvo que sacar agua del pozo para satisfacer la sed de aquellos camellos? ¡Un camello puede tomarse hasta 95 litros de agua después de un viaje largo! La generosa y enérgica Rebeca probablemente se apresuró y fue muchas veces entre el pozo y el abrevadero para saciar la sed de los cansados animales. En aquel día extraordinario, Rebeca llevó una carga muchos kilómetros adicionales.

No se puede poner precio a las excelentes cualidades que Rebeca mostró en sus actitudes y acciones aquel día junto al pozo. Su espíritu servidor brilló como el sol, revelando su corazón bueno y sincero. Ella era respetuosa, generosa, incansable, atenta con las personas necesitadas y estaba dispuesta a ayudar. Darle de beber al anciano cansado solo satisfacía una de sus necesidades, así que Rebeca extendió sus cuidados para incluir sus animales.

¿Por qué no sigues hoy los pasos de la hermosa Rebeca y buscas a una persona necesitada a la que puedas ayudar? Y después, con un corazón que quiere ayudar, haz más de lo necesario.

Abre tu corazón… y tu hogar

También hay… lugar para posar.
GÉNESIS 24:25

Eliezer, el criado de Abraham, viajó cientos de kilómetros en un clima desértico. Mientras oraba cerca del pozo de agua de la ciudad, apareció la joven y encantadora Rebeca. Después de sacar agua de la cisterna para satisfacer la sed de él —y también ocuparse de la sed de los camellos—, Rebeca contestó respetuosamente las preguntas de Eliezer sobre quién era ella y si su familia tenía un lugar donde él pudiera quedarse. De una forma acogedora, Rebeca contestó con su nombre y le ofreció alimento, alojamiento y paja para los animales. En casa de la familia de Rebeca, Eliezer recibiría ayuda, refrigerio, refugio y descanso.

¿Ves tu hogar como un regalo de parte de Dios que debes usar para la comodidad y el bienestar de otros? Un hogar cristiano es el más dulce cuadro del cielo en la tierra y un alivio grato en nuestra sociedad estresada y cansada. Abre tus brazos y tu corazón a los necesitados. Piensa en los misioneros que, como Eliezer, viajan grandes distancias y necesitan las cosas más básicas de la vida: alimento y un lugar para descansar sus cuerpos agotados. Hazte amiga de alguna estudiante universitaria a quien le sentaría de maravilla pasar tiempo en tu casa. Cuenta a las solteras que conoces que están solas.

¿Por qué no servirle una cena a una vecina que está buscando respuestas? O tomar té con una madre que tiene el corazón destrozado a causa de su hijo. Ofrece un oído atento, una palabra de aliento y una oración sincera por los necesitados. La hospitalidad es un asunto del corazón… tu corazón. Todo el que entra por tus puertas trae consigo oportunidades para ministrar. Dales la bienvenida a tu hogar, dulce hogar… un hogar donde Jesús vive en el corazón de la anfitriona.

«Sí, iré»

Y ella respondió: Sí, iré.
GÉNESIS 24:58

Hablar es una cosa. Tomar acción es otra. Y la acción siempre ha sido la medida de la fe verdadera. La fe de Rebeca se evidenció cuando dio un paso gigante de confianza en Dios.

La serie de eventos que culminó en aquel enorme paso de fe comenzó cuando Abraham le pidió a su criado Eliezer que fuera a la tierra de su parentela y encontrara una esposa para su hijo Isaac. Cuando Eliezer llegó a su destino, la hermosa Rebeca, hija de Betuel —un familiar lejano de Abraham— lo invitó a quedarse en la casa de su familia. Mientras estaba allí, el padre y el hermano de Rebeca estuvieron de acuerdo con que ella se casaría con Isaac.

Sin embargo, cuando comenzaron a discutir la fecha de partida de su preciada Rebeca, su madre y su hermano dijeron: «Espere la doncella con nosotros a lo menos diez días, y después irá». Cuando Eliezer les dijo que necesitaba regresar a su amo, ellos respondieron: «Llamemos a la doncella y preguntémosle». Cuando le preguntaron a Rebeca: «¿Irás tú con este varón?», la pregunta realmente era: «¿Te irás ahora o vas a esperar?».

La fe extraordinaria de Rebeca se evidenció cuando dijo: «Sí, iré». Básicamente, lo que estaba diciendo era: «Sí, iré… con un extraño… a vivir en una tierra desconocida… para ser la esposa de un hombre desconocido. Sí, iré… aunque tal vez nunca vuelva a ver a mi familia… aunque no tenga tiempo para prepararme… aunque la vida nómada de la familia de Abraham será extenuante. ¡Sí, iré!».

Haz un inventario rápido de tu vida. ¿Hay algún acto de fe que estés posponiendo… aunque sea por unos días? ¿Alguna decisión que estés retrasando? Es posible que esperar sea más fácil, pero mientras más difícil sea el camino de la fe en acción, más grandes son las promesas. La obediencia diferida es realmente desobediencia, y la acción diferida retrasa las bendiciones de Dios. ¡Da un paso de fe hoy!

_____

_____

_____

_____

_____

_____

_____

_____

_____

_____

_____

_____

Débora, la nodriza de Rebeca

Un corazón de servidora

Entonces dejaron ir a Rebeca... y a su nodriza.

GÉNESIS 24:59

*L*a vida cristiana conlleva el servicio desinteresado a otras personas, y una imagen en particular dice más que mil palabras cuando se trata de entender cómo luce esto a los ojos de Dios. Débora, la nodriza de Rebeca de toda la vida, nos presenta un hermoso cuadro de servicio abnegado.

Como criada, Débora tenía la obligación de hacer (sin preguntas ni demoras) la voluntad de su ama. Cualquiera fuera la orden, Débora tenía que llevarla a cabo de inmediato, en silencio y sin preguntar. Para Débora, esa descripción de trabajo significaba dejar el único hogar que había conocido y viajar más de 800 kilómetros con Rebeca a su nuevo hogar... ¡y hacerlo inmediatamente! Al mismo tiempo que la familia de Rebeca estaba discutiendo este giro de sucesos inesperado, Débora estaba tratando de adaptarse a la idea de que, por la mañana, ella también se iría para siempre. Y, probablemente, estaba muy ocupada empacando para ambas.

Débora es un ejemplo excelente tanto de diligencia como de servicio. De hecho, su nombre significa «abeja», lo que sugiere su laboriosidad y eficacia. Podemos imaginar que se mantenía constantemente activa y que todo lo hacía con afecto y cuidado.

Tú también has sido llamada a servir a otros. ¿Cómo puedes ser trabajadora y dispuesta como Débora? Prueba estas estrategias:

- *Aborda tu trabajo con mucha energía.* Cualquiera que sea la tarea que enfrentes, llévala a cabo con todo tu empeño y con ganas de que funcione. Trabaja con entusiasmo y para el Señor, no para individuos.

- *Aborda tu trabajo con mucha alegría.* Decide trabajar con un corazón alegre y de servidora. Recibirás una mayor satisfacción si realizas el trabajo como una obra de amor.

Como a fin de cuentas estás sirviendo a Dios en tu trabajo, desarrolla una actitud positiva y hazlo lo mejor que puedas. ¿Cómo está tu nivel de energía y tu actitud cuando estás en tu casa? Ahí es donde tiene que enfocarse tu alegría y tu mayor empeño.

_____

_____

_____

_____

_____

_____

_____

_____

_____

_____

26

Deja un legado

Y bendijeron a Rebeca.
GÉNESIS 24:60

Veinticuatro horas atrás, la vida había sido muy distinta para Rebeca y su familia. Un viaje habitual al pozo cambió el rumbo de su historia y, en realidad, de la historia del mundo. La joven Rebeca simplemente había ido al pozo, como hacía diariamente, a sacar agua para la familia. Sin embargo, en aquel día elegido por Dios, un desconocido estaba esperando... un extranjero enviado por Abraham —pariente de la familia de Rebeca— para encontrar una prometida para su hijo Isaac.

La preciada y bondadosa Rebeca le dio agua al criado y lo invitó a pernoctar en casa de su familia. Durante la cena, su padre y su hermano entendieron que Rebeca era la mujer que Dios había escogido para casarse con el heredero de Abraham. Al otro día, al despuntar el sol, Rebeca se subió a uno de los camellos del desconocido, y partió hacia la misteriosa y lejana tierra de Canaán.

Según se iba alejando la caravana con su preciada Rebeca, la familia oraba y bendecía con las siguientes palabras a la hija y hermana a la que probablemente nunca volverían a ver:

Hermana nuestra, sé madre de millares de millares, y posean tus descendientes la puerta de sus enemigos (Génesis 24:60).

Si eres madre, piensa en tu influencia. Tus hijos y tus hijas son bendición y herencia de Dios; son una fuente de alegría y debes criarles en la instrucción del Señor. Cuando les llegue el momento de marcharse del hogar, te sentirás triste… pero también puedes alegrarte en lo que les depara el futuro. Si tienen la disposición, Dios usará a tus hijos e hijas a lo largo de los años para afectar a miles a medida que pasan la batuta de la fe a otra generación.

Por lo tanto, tu misión es clara. Nunca es demasiado pronto para comenzar la educación espiritual de tus hijos. ¿Qué estás haciendo hoy para educar sus corazones y mentes, y prepararles para dejar un «legado de fe» mañana?

Principios para vivir la voluntad de Dios

Entonces se levantó Rebeca y… [siguió] al hombre.

GÉNESIS 24:61

Conocer la voluntad de Dios es nuestro mayor tesoro. A medida que oras, buscas el consejo piadoso y vives de acuerdo con lo que revela la Palabra de Dios, vas descubriendo su voluntad específica para ti. Aprendamos más de los siguientes principios que se basan en la voluntad de Dios para Rebeca y cómo su voluntad fue revelada.

Pregúntale a Dios. El criado de Abraham oró ferviente y específicamente para encontrar la esposa apropiada para Isaac.

Sé fiel. Rebeca fue conducida a la siguiente etapa de la voluntad de Dios para su vida mientras estaba sirviendo fielmente a su familia en los detalles de la vida cotidiana.

Pregúntale a Dios. Por medio de la oración y la lectura de la Palabra de Dios puedes acceder al corazón y la mente del Señor.

Sé fiel. La necesidad de tomar una decisión nunca es razón para descuidar tus responsabilidades. Dios te va dirigiendo conforme te mantienes obediente en tu vida diaria.

Consulta con otras personas. El padre y el hermano de Rebeca la aconsejaron y accedieron a que se casara con Isaac.

Decide por ti misma. Los familiares estuvieron de acuerdo y la voluntad de Dios era evidente, pero Rebeca tuvo que escoger seguir el plan de Dios.

Ejecuta tu decisión. En lugar de demorarse, Rebeca actuó inmediatamente y comenzó su viaje de fe… ¡por fe!

Consulta con otras personas. «Donde no hay dirección sabia, caerá el pueblo; mas en la multitud de consejeros hay seguridad» (Proverbios 11:14).

Decide por ti misma. Puedes estar buscando, preguntando y ser obediente, pero al final tienes que decidirte a actuar según la voluntad de Dios.

Ejecuta tu decisión. En cuanto conozcas la voluntad de Dios, ¡actúa! Muévete. Avanza a toda velocidad.

Pídele a Dios que abra tus ojos y tu corazón a su voluntad para ti. ¡Y no te sorprendas cuando descubras que está justo delante de ti!

_____

_____

_____

_____

_____

_____

_____

28 Rebeca

El cumplimiento del diseño divino

Y tomó a Rebeca por mujer.
Génesis 24:67

¡Qué momento tan romántico y espectacular cuando Rebeca y su esposo Isaac finalmente se reunieron! Después de un largo viaje por el desierto, Rebeca por fin le dio su primer vistazo a su futuro esposo. Él estaba en el campo meditando. ¿Puedes imaginártelo caminando y orando y esperando? Cuando vio que se acercaban los camellos, probablemente se preguntó: *¿Será Eliezer? El viejo criado, ¿me habrá encontrado una novia?* La respuesta fue «sí».

Isaac «tomó a Rebeca por mujer, y la amó».

Entonces Rebeca dio el siguiente paso en el diseño de Dios para ella: procuró seguir sus instrucciones para una esposa. ¿Qué quiere decir esto?

- *Deja a tu familia y únete a tu esposo.* Cuando te casas, te liberas de la autoridad de tus padres para unirte alegremente a tu esposo. Él es ahora la persona más importante en tu vida (Génesis 2:24).

- *Ayuda a tu esposo.* Dios te ha ordenado la tarea de ayudar a tu esposo con sus responsabilidades, sus quehaceres, sus metas (Génesis 2:18).

- *Sigue a tu esposo.* Dios le ha dado a tu esposo la difícil tarea de liderazgo. Tu papel es seguirlo (Génesis 3:16; Efesios 5:22).

- *Respeta a tu esposo.* ¡Cuán hermoso es estar en presencia de una esposa que respeta a su esposo! Ella lo trata como le respondería a Cristo. Este es el hermoso y elevado llamado de Dios para ti (Efesios 5:33).

¿Estás siguiendo el diseño de Dios? ¿Necesitas mejorar en algún aspecto?

_____

_____

_____

_____

_____

_____

_____

_____

_____

_____

_____

_____

_____

_____

_____

_____

Dependencia absoluta en el Señor

[Ella] fue a consultar al Señor.
GÉNESIS 25:22, NVI

Rebeca estaba creciendo en el Señor. Una de las lecciones aprendidas era que la oración es la mejor manera de encargarse de las dificultades. Dos de las bendiciones más grandes en su vida ocurrieron cuando alguien oró:

El criado de Abraham oró por una esposa para Isaac, el hijo de Abraham, y Dios lo llevó a Rebeca. La oración fue un factor clave para que Rebeca se convirtiera en esposa de Isaac.

Cuando, después de 20 años de matrimonio, Rebeca aún no había tenido hijos, Isaac oró y Rebeca concibió. La oración fue la razón principal para quedar embarazada.

Sin embargo, Rebeca tuvo un «embarazo difícil». A medida que avanzaba el embarazo y aumentaban las preocupaciones, el crecimiento espiritual de Rebeca se hizo evidente. Ella «fue a consultar al SEÑOR». Su comprensión del poder de Dios la motivó a depender de Él más aún. Y no fue decepcionada. ¡El Señor le habló!

Como Rebeca, puedes depender aún más en el poder y el amor de Dios orando durante las dificultades. El pedir a través de la oración te ayuda a ver tu problema a la luz del poder de Dios. El pedir en oración te ayuda también a cosechar otro fruto:

- La oración profundiza tu perspectiva sobre lo que realmente necesitas.

- La oración amplía tu agradecimiento por las respuestas de Dios.

- La oración te permite madurar para que así puedas usar tus dones más sabiamente.[2]

¿Qué dolores, pruebas, tentaciones o sufrimientos estás enfrentando hoy? Sigue las pisadas de fe de Rebeca y preséntale al Señor tus preocupaciones. Pon tu corazón en el Señor y depende totalmente de Él. Haz de la oración tu primera opción.

_____

_____

_____

_____

_____

_____

_____

_____

_____

_____

_____

_____

Presenta todo ante Dios

Y le respondió Jehová…

GÉNESIS 25:23

odas tenemos dificultades. Enfrentamos luchas en el matrimonio, con las finanzas, con la salud, con los familiares, en nuestras carreras profesionales, con las amistades y con la tentación. Sin embargo, para la linda esposa Rebeca era literalmente una lucha interna. Después de 20 años de matrimonio con Isaac, finalmente estaba embarazada y sabía que algo no andaba bien con su embarazo. Una conmoción extraordinaria rugió en su interior y la inquietó. Así que se dirigió a la única Persona que podía ayudarla: oró al Señor. La respuesta a su oración —y el alivio para su lucha— estaba en las manos de Dios. Nadie más podía ayudar.

Primero, solo Dios podía saber que Rebeca estaba esperando mellizos. Dios forma las entrañas de cada hijo en el vientre y su cuerpo no es encubierto de Él (ver Salmos 139:13-16). Los gemelos de Rebeca son los primeros que se registran en las Escrituras.

Segundo, solo Dios podía conocer el futuro de los gemelos de Rebeca. Él respondió a la pregunta de Rebeca, «¿Por qué me siento así?», con una profecía sobre sus gemelos: «Dos naciones hay en tu seno, y dos pueblos serán divididos desde tus entrañas; el un pueblo será más fuerte que el otro pueblo, y el mayor servirá al menor» (Génesis 25:23). Los papeles tradicionales de sus mellizos estarían invertidos —el mayor serviría al menor— y los dos estarían en lucha hasta convertirse cada uno en una gran nación.

Cuando Rebeca se sentía desconcertada, preocupada, ansiosa y angustiada, su respuesta era dirigirse a Dios. ¿Es esa también tu costumbre? Toma tus luchas a diario y…

- entra en el santuario de Dios (Salmos 73:17),

- presenta tu caso delante del Señor (2 Reyes 19:14), y

- pide consejo ante el trono del Todopoderoso (Hebreos 4:16).

_____

_____

_____

_____

_____

_____

_____

_____

_____

_____

_____

_____

_____

Confianza

Es mi hermana.
GÉNESIS 26:7

ebeca fue hija, esposa y madre, y sobrellevó exitosamente varios cometidos de fe importantes:

- *Separación.* Rebeca dejó a su familia y su hogar para casarse con Isaac, el heredero de la promesa de Dios de convertir a los descendientes de Abraham en una gran nación.

- *Matrimonio.* Rebeca hizo los ajustes necesarios para adaptarse a su vida de casada y a su cónyuge.

- *Esterilidad.* Rebeca e Isaac esperaron dos décadas por un hijo.

- *Maternidad.* Finalmente, nacieron dos bebés. Ser la madre del primer par de gemelos registrados en el mundo de seguro llevó al límite la fe de Rebeca.

Sin embargo, la belleza de Rebeca perduró… y presentó otra prueba de fe. Había una hambruna, pero Dios le dio instrucciones a Isaac de quedarse donde estaban. No obstante, como temía que los filisteos fueran a matarlo y a llevarse a su hermosa esposa, Isaac le dijo al rey: «Es mi hermana».

¿Qué hubieras hecho tú? Si el miedo te paraliza, puedes hacer lo siguiente:

- Confía en Dios, no en tu esposo (1 Pedro 3:1-2).

- No sucumbas al miedo (1 Pedro 3:6).

- Entiende que Dios siempre te protege (Salmos 23:4).

- Fortalece tu espíritu con las promesas de Dios (1 Pedro 1:4).

- Da gracias a Dios por la protección prometida (Isaías 41:10).

Para comprender mejor lo que significa confiar en Dios, busca y estudia los versículos anteriores. Pídele a Dios que te ayude a confiar en Él cuando enfrentes tus pruebas.

_____

_____

_____

_____

_____

_____

_____

_____

_____

_____

_____

_____

Confianza en el amor y en la dirección de Dios

Dios siempre está obrando

Raquel vino con el rebaño de su padre.
GÉNESIS 29:9

*L*os expertos en la etiqueta correcta nos dicen que debemos incluir información personal cuando presentamos a alguien. En Génesis 29:9, Dios nos presenta a Raquel, otra mujer soltera asombrosa. Fíjate en su información personal:

- *Su familia.* Raquel era la hija de Labán, que era hermano de Rebeca y, por ende, del linaje de Abraham.

- *Su ocupación.* Raquel era pastora. De hecho, el nombre Raquel significa «oveja».

- *Su apariencia física.* «Raquel era de lindo semblante y de hermoso parecer». Al igual que su tía Rebeca, ella era hermosa a la vista.

Dios también nos presenta a Jacob, una persona importante para Él… y que pronto sería importante para Raquel.

- *Su familia.* Jacob y su hermano gemelo, Esaú, eran los hijos de Isaac y Rebeca, que vinieron de la tierra natal de Raquel. Jacob y su hermano también eran nietos de Abraham.

- *Su situación difícil.* El favoritismo, los celos y el engaño condujeron a Jacob a huir a la tierra natal de Raquel para evitar que Esaú lo matara. Además, Isaac le aconsejó a Jacob que buscara una esposa entre su propio pueblo (Génesis 28:2).

Dios reunió a Raquel y a Jacob obrando a través de *personas, sucesos* y *circunstancias,* y lo mismo es válido para ti. Piensa en los días y las semanas recientes. ¿Cómo obró Dios a través de personas, sucesos y circunstancias para hacerte bien? Es posible que algunos acontecimientos no parezcan buenos en esta vida, ¡pero puedes confiar en un Dios amoroso de que hay y habrá algún bien!

_____

_____

_____

_____

_____

_____

_____

_____

_____

_____

_____

_____

_____

_____

_____

_____

Confía en las sorpresas ordinarias

Raquel vino con el rebaño de su padre.
GÉNESIS 29:9

El día comenzó como cualquier otro. Mientras la joven Raquel estaba revisando mentalmente su lista de tareas, ella no vio ningún indicio de que hoy su vida sería transformada radicalmente. Lo primero en la lista de tareas de Raquel era una responsabilidad muy necesaria: «dar de beber a las ovejas de su padre». Al acercarse al pozo aquella tarde, Raquel se percató de la presencia de un desconocido. Él estaba hablando con otros pastores y presuntamente estaba esperando a que se juntara un grupo más grande antes de remover la piedra sobre la boca del pozo para que las ovejas pudieran beber. A Raquel le sorprendió cuando el guapo desconocido corrió al pozo, removió la piedra y les dio de beber a las ovejas de ella. Luego la besó, lloró y le explicó que eran parientes.

Ese fue el comienzo del noviazgo de Raquel y Jacob. El día ordinario de Raquel se convirtió en uno extraordinario. ¿Cómo conoce al hombre de sus sueños una mujer soltera? He aquí dos claves a partir de la experiencia de Raquel:

Raquel estaba ocupada. Ella estaba donde se suponía que estuviera (en el pozo de la ciudad) y estaba haciendo lo que se suponía que estuviera haciendo (dándole de beber al rebaño de su padre).

Raquel era fiel. Apacentar y dar de beber a las ovejas de su padre eran las responsabilidades de Raquel. Mientras ella cumplía fielmente con su deber, Dios la iba dirigiendo a su destino.

Si eres soltera y estás buscando un compañero para casarte, no te apresures. No busques milagros. No busques lo extraordinario. Continúa en tu modo habitual y confía en la dirección de Dios. Con frecuencia, Él revela sus planes divinos a través de sucesos insignificantes y comunes.

«No busques milagros» también es válido para las casadas. Ora por tu esposo, pero no esperes que cambie de inmediato. Agrada a Dios siendo la mejor esposa que puedas ser.

_____

_____

_____

_____

_____

_____

_____

_____

_____

_____

_____

34 Lea

Una mujer conforme al corazón de Dios

Los ojos de Lea eran delicados.
Génesis 29:17

«Que la belleza de ustedes no sea la externa, que consiste en adornos tales como peinados ostentosos, joyas de oro y vestidos lujosos. Que su belleza sea más bien la incorruptible, la que procede de lo íntimo del corazón y consiste en un espíritu suave y apacible. Esta sí que tiene mucho valor delante de Dios» (1 Pedro 3:3-4, NVI). Estos dos versículos nos presentan las normas de Dios para la belleza. ¡Toma en serio sus consejos de belleza!

Alimenta la belleza de tu corazón. Dios aprecia el carácter piadoso, que se refleja en una conducta externa positiva. Sé una mujer conforme al corazón de Jesús.

Cultiva la belleza de un espíritu afable y apacible. Dios valora mucho el don delicado de un espíritu tranquilo y apacible, no los vestidos y las joyas costosos. Enfócate en lo que está dentro.

Preocúpate por la belleza interior, que es muy apreciada a los ojos de Dios. La meta suprema en la vida es agradar al Señor. Fija tus ojos en Él.

Lea, la hermana de Raquel, estaba destinada a vivir su vida a la sombra de la belleza exquisita de Raquel. Lea —cuyo nombre significa «cansada»— no solo era menos que hermosa, sino que sus ojos eran delicados, débiles y apagados; un grave defecto en aquel tiempo. Sin embargo, hasta la mucha belleza se desvanece.

¿No te alegra saber que Dios se preocupa más por la belleza interna? ¿Estás agradecida porque «Jehová no mira lo que mira el hombre; pues el hombre mira lo que está delante de sus ojos, pero Jehová mira el corazón» (1 Samuel 16:7)?

Cuida tu belleza interior pasando tiempo todos los días en la presencia del Señor, y descubriendo más sobre Él y cómo puedes agradarlo más. Él te transformará en una mujer de verdadera belleza… una mujer conforme a su corazón.

_____

_____

_____

_____

_____

_____

_____

_____

_____

_____

_____

_____

De las cenizas a la belleza

Tomó a… Lea y se la entregó a Jacob.
Génesis 29:23, nvi

El padre de Lea, Labán, era un maestro del engaño. Debido a su propio padre, Lea fue usada, maltratada y rechazada:

- Jacob, un primo lejano de Lea y Raquel, llegó a la ciudad de ellas en busca de una esposa.

- Raquel, la hermosa hermana de Lea, conoció a Jacob en el pozo de la ciudad y los dos se enamoraron al instante.

- Labán, el padre de Raquel, hizo un contrato de servicio no remunerado con Jacob por siete años a cambio de la mano de Raquel en matrimonio. Sin embargo, en la noche de bodas, Labán sustituyó secretamente a Raquel por Lea.

- ¿El resultado? Lea fue usada por su padre, no amada por su esposo y envidiada por su hermana (Génesis 30:1).

La decepción es una realidad de la vida. ¿Te han usado injustamente? ¿Engañado? ¿Rechazado? Permite que el amor de Dios te consuele. Lea no era hermosa, ni tampoco lo fueron sus circunstancias, pero Dios cambió su tristeza por bendiciones. ¿Qué surgió de las pruebas y la decepción de Lea?

- Debido a la imperfección de sus ojos, tal vez nunca se habría casado; sin embargo, sí tuvo un esposo.

- Es posible que nunca hubiera tenido hijos, pero tuvo seis niños y una niña.

- Fue la madre de seis de los hombres que dirigieron las doce tribus de Israel.

- Fue la madre de Judá, de quien descendería Jesucristo.

- Fue la primera o «reconocida» esposa de Jacob.

_____

_____

_____

_____

_____

_____

_____

_____

_____

_____

_____

_____

Prueba del amor de Dios

El Señor ha visto mi aflicción.
GÉNESIS 29:32, NVI

¿Qué hay en un nombre? ¡Muchísimo! En los tiempos bíblicos, el nombre que se le daba a un recién nacido era muy importante. Un nombre expresaba el sentimiento de los padres, y muchas veces aludía a las circunstancias en la historia familiar. A menudo, la relación que los padres disfrutaban con Dios se evidenciaba en el nombre de su bebé. A través de los nombres, las madres y los padres pasaban sus expectativas, su fe y un poco de la sabiduría ganada con muchos sudores. Este es el caso de Lea. Al seguir el recorrido de Lea, notarás que los nombres de sus hijos marcan su crecimiento espiritual. Esto fue lo que ocurrió.

La deslucida Lea tuvo la desgracia de compartir a su esposo, Jacob, con su deslumbrante hermana, Raquel. La Biblia nos dice que Jacob amaba a Raquel más que a Lea, y que Lea no se sentía amada. Pero tanto Lea como Raquel fueron estériles por algún tiempo, pero en su momento, el Señor abrió el vientre de Lea, y esta concibió y dio a luz un hijo.

Cuando Lea tuvo al recién nacido en sus brazos, lo llamó «Rubén»: «vean ustedes un hijo». Lea exclamó: «El Señor ha visto mi aflicción; ahora sí me amará mi esposo» (Génesis 29:32, NVI). El nombre «Rubén» revela el anhelo de amor de Lea. Su deseo era que Jacob tornara su corazón hacia ella una vez que tuviera en brazos a su primer hijo. Pero escondido muy en lo profundo, al ponerle el nombre a su pequeño bebé, estaba su alegre sorpresa ante el amor y la compasión de Dios. «Rubén» también reconoce la bondad y providencia de Dios. Él había visto la aflicción de Lea y la había mirado favorablemente. Ella valoró ese pensamiento tan profundamente que se lo pasó a su hijo. Para Lea, Rubén siempre sería una prueba del amor y cuidado de Dios.

> *Señor, gracias por la prueba de tu amor por mí a través de la muerte de Jesús en la cruz. Ayúdame a recordar que cualquier aflicción momentánea es un pequeño precio a pagar por la esperanza de la vida futura que tengo en Jesús. Amén.*

_____

_____

_____

_____

_____

_____

_____

_____

_____

_____

_____

Tu arco iris deslumbrante

Esta vez alabaré a Jehová.
GÉNESIS 29:35

odo el mundo sufre desilusión y escasez, pérdida y angustia. Todas tenemos sueños y anhelos frustrados. Todas luchamos con problemas y conflictos. No importa las nubes y las tormentas que hayas enfrentado, tu victoria sobre ellas se alza como un deslumbrante arco iris de la gracia de Dios.

Lea, la esposa de Jacob, vivió una vida asolada por dificultades. No obstante, ella disfrutó de esa gran victoria en su vida repleta de problemas. Atrapada en un matrimonio sin amor, Lea también compartía a su esposo con su hermana más joven y más hermosa. Sin embargo, Lea fue la esposa a la que Dios bendijo para concebir la mayoría de los hijos de Jacob.

El nombre del primer hijo fue Rubén.

Al segundo hijo lo llamó Simeón.

El tercer hijo se llamó Leví.

Y entonces llegó el cuarto hijo… «Judá», que significa «alabar». El arco iris estaba claro y completo cuando se escucharon las alabanzas a través de la tienda de Lea. «Esta vez alabaré a Jehová», exclamó.

Lo que completó el arco iris fue el evidente sometimiento al Señor y la victoria de Lea sobre sus circunstancias. Por fin ella dejó de agobiarse por la ausencia del amor de Jacob y, en su lugar, descansó en el amor de Dios. ¡Y a través de Judá vendría el Mesías! Todas las generaciones se enterarían de quién era el cuarto hijo de Lea.

Tú puedes seguir el camino a la victoria de Lea. Alaba a tu Padre de toda sabiduría, de infinito amor y por siempre fiel… aun en medio de las lágrimas y los tiempos oscuros. Confía en la dirección de Dios. Descansa en su amor y ofrécele una alabanza que dibuje los colores vívidos y alegres del brillante arco iris de su gracia para ti.

38 Lea

Fortalece tus raíces

Esta vez alabaré a Jehová.
Génesis 29:35

¿Qué se necesita para llegar a ser fuerte en el Señor? ¿A qué conclusión puedes llegar de la siguiente historia?

Antiguamente, existía un proceso que se usaba para cultivar los árboles que se convertirían en los mástiles principales de los buques militares y mercantes. Primero, el constructor naval seleccionaba como posible mástil un árbol que estuviera en la cima de una colina alta. Luego, cortaban todos los árboles circundantes que pudieran proteger al escogido de la fuerza del viento. Con el paso de los años, los vientos soplaban ferozmente contra el árbol, el árbol se fortalecía hasta que, por fin, era lo suficientemente fuerte para ser el mástil de proa de una embarcación.[3]

En la vida de Lea soplaron vientos feroces. El maltrato de su padre, el odio de su esposo y la envidia de su hermana se levantaban contra ella. Pero Lea fortaleció su fe y recibió de Dios lo que necesitaba. Ella exclamó: «Esta vez alabaré a Jehová».

Ponte de pie en el lugar donde el Señor amado te ha puesto, y allí esfuérzate al máximo. Dios nos da pruebas y tribulaciones. Se supone que los embates de un conflicto serio nos fortalecerán. El árbol que crece donde las tempestades azotan sus ramas y doblan su tronco hasta el punto de casi quebrarlo, con frecuencia está más firmemente arraigado que el árbol que crece en el valle aislado donde ninguna tormenta trae presión o estragos. Lo mismo se aplica a la vida.[4]

Los golpes, los conflictos, los vendavales, las tormentas, los estreses, los estragos… todos son estímulos de Dios para ayudarte a alcanzar más fe y fortaleza.

Fuerza en la mansedumbre

Entonces Raquel entregó a su sierva Bilha como esposa para Jacob.

GÉNESIS 30:4, NTV

*J*esús enseñó: «Bienaventurados los mansos, porque ellos recibirán la tierra por heredad». Pablo escribió: «Cuando soy débil, entonces soy fuerte». Ana oró: «El Se-ÑOR... humilla, pero también enaltece».*

¿Puedes ver el tema común? En el mundo de Dios, la «fuerza» proviene de la «mansedumbre». Si te encuentras en una posición humilde, o si estás sometida a opresión, o si estás viviendo en una temporada ordenada por Dios bajo la sombra, ¡anímate!

Bilha estaba sentenciada a la esclavitud y no tenía mucho que esperar de la vida. Su vida no le pertenecía. De hecho, la habían pasado de persona a persona, y su amo se la entregó a Raquel cuando esta se casó con Jacob. Pero Bilha descubrió las bendiciones de Dios en medio de su humilde existencia.

Bilha se daba cuenta de las tensiones domésticas en su nueva casa. Las dos esposas de Jacob, Lea y Raquel, estaban constantemente en desacuerdo. Era evidente que Jacob amaba a Raquel más que a Lea. Y Lea daba a luz

---

* Mateo 5:5; 2 Corintios 12:10; 1 Samuel 2:7 (NVI).

a un hijo tras otro, mientras que la estéril Raquel ardía de envidia.

Durante una discusión acalorada con su esposo, Raquel le anunció: «Toma a mi sierva, Bilha, y duerme con ella. Ella dará a luz hijos por mí, y a través de ella yo también podré tener una familia» (NTV). ¡Otra vez habían entregado a Bilha! Pero, esta vez, de la mansedumbre nacería fuerza… a través de la descendencia de Bilha.

Dan fue el primer hijo que Bilha le dio a Jacob. De Dan descendió el poderoso Sansón, el reconocido juez y libertador de Israel, cuya extraordinaria fuerza física fue usada grandemente por Dios. Bilha le dio a Jacob un segundo hijo llamado Neftalí. Él también creció fuerte y llegó a ser el fundador de una gran tribu.

Dios bendijo a esta sierva con dos hijos que heredaron una parte de la enorme riqueza de Jacob y se convirtieron en líderes poderosos de dos de las doce tribus de Israel.

_____

_____

_____

_____

_____

_____

_____

_____

_____

_____

_____

_____

Lecciones en la espera

Y se acordó Dios de Raquel, y la oyó Dios.
GÉNESIS 30:22

«Superada solo por el sufrimiento, la espera es posiblemente la mejor maestra y entrenadora en piedad, madurez y espiritualidad genuina que la mayoría de nosotros jamás conoceremos».[5] ¡Raquel definitivamente cumplió su tiempo de espera! Su expectativa de que algún día se convertiría en madre nació de la promesa de Dios a Abraham —el abuelo de su esposo— de que su semilla llegaría a ser una gran nación como las estrellas del cielo y los granos de arena a la orilla del mar (Génesis 12:2-3; 22:17). Sin embargo, Raquel y Jacob esperaron… y esperaron… y esperaron.

¿Cuánto tiempo esperó Raquel? Probablemente le pareció una eternidad. Esperó mientras que su hermana Lea y dos criadas, llamadas Bilha y Zilpa, le dieron diez hijos a Jacob. Es posible que Raquel haya sido estéril durante un cuarto de siglo.

¿Qué lecciones espirituales aprendió? ¿Y cómo pueden ayudarte sus lecciones en tu viaje de fe?

La lección de la oración. Raquel descubrió el poder de la oración. Génesis 30:22 dice: «y la oyó Dios, y le concedió hijos». La oración calmará tu corazón inquieto, mientras estás confiando en que Dios te dará lo que falta en tu vida. La oración también esculpe tu corazón en la hermosa actitud de humildad.

La lección de la fe. El nombre que Raquel le dio a su hijo tan anhelado dio muestras de una fe extraordinaria. «Y llamó su nombre José [que significa "que él añada"], diciendo: Añádame Jehová otro hijo». La fe de Raquel —consagrada en el nombre de su hijo— esperaba y perseveraba en más de lo que Dios ya le había dado.

¿Eres paciente? ¿Estás esperando sanidad? ¿Estás esperando reconciliación, restauración o avivamiento? ¿Qué estás aprendiendo mientras esperas? ¿Y qué bendiciones estás alcanzando por fe? Ora fielmente mientras esperas en el Señor. Ten la seguridad de que Él te está guiando a su voluntad buena, perfecta y agradable.

_____

_____

_____

_____

_____

_____

_____

_____

_____

_____

Un paso a lo desconocido

Haz todo lo que Dios te ha dicho.
GÉNESIS 31:16

*D*esde tiempos inmemoriales, Dios nos presentó un principio divino para el matrimonio: «Por tanto, dejará el hombre a su padre y a su madre, y se unirá a su mujer, y serán una sola carne» (Génesis 2:24).

Después de huir de Esaú, Jacob vivió muchos años con familiares. Pero, a la larga, quería regresar a su hogar. Después de explicarles detalladamente la dirección de Dios y apuntando hacia la bendición de su mano divina, Jacob les pidió a sus esposas, Raquel y Lea, que lo acompañaran. Él deseaba llevar a una familia dispuesta en su peregrinaje al hogar… una familia llena de fe. ¿Se quedarían Raquel y Lea en la casa de su padre, con la que estaban familiarizadas, o acompañarían a su esposo a una tierra desconocida?

Las separaciones y las salidas siempre son pruebas de fe para una esposa:

- Prueban su obediencia a la Palabra y al camino de Dios.

- Prueban su fe en la dirección de Dios a través del esposo.

- Prueban su confianza en la sabiduría de su esposo.

- Prueban su compromiso con su esposo.

¿Cómo Raquel y Lea le respondieron a Jacob? «Haz todo lo que Dios te ha dicho». ¡Qué clase de fe y apoyo! Al dar el paso y seguir a Dios, se sumaron a otras mujeres de fe de Dios.

¿Eres esposa? ¿Ocupa tu esposo el primer lugar en tu vida [después de Dios]? ¿Hay algún tipo de estrés o conflicto con respecto a tu matrimonio y a tus padres? Considera firmar un acuerdo que explique tu posición como esposa. La redacción podría ser: «Ya no tengo que rendirles cuenta a mis padres. Ya soy libre de esa autoridad y ahora estoy alegre y seguramente unida a mi cónyuge».[6]

¿Eres madre de hijos casados? Si es así, considera firmar este tipo de acuerdo para que se sientan libres de seguir la dirección de Dios con sus parejas.

Amar es servir

Murió Débora, la nodriza de Rebeca.
GÉNESIS 35:8, NVI

*D*ébora, la fiel nodriza de Rebeca, hizo el arduo viaje de más de 800 kilómetros de Harán a Hebrón cuando Rebeca partió para casarse con Isaac, el hijo de Abraham. Allí Débora también aguantó los altibajos de Rebeca durante los veinte años de espera por un hijo. Cuando los gemelos de Rebeca finalmente llegaron, Débora cuidó tierna y amorosamente de Jacob y Esaú.

La edad marcó el final del papel activo de Débora como nodriza, y entonces la familia de Jacob cuidó de ella. Ella los amó y ellos la amaron. Débora tenía cerca de cien años cuando murió y la enterraron «a la sombra de la encina» (NVI) y la lloraron con tristeza y lágrimas reservadas por lo general para la familia.

Débora es un cuadro hermoso de servicio abnegado. Como representante de Dios, tu llamado también es a amar a todo el mundo con el amor de Dios. La expresión máxima del amor es el servicio que se da libre y abundantemente. Toma en serio estas verdades…

El amor todo lo sufre,
El amor todo lo cree,
El amor todo lo espera,

El amor todo lo soporta,
El amor nunca deja de ser.[7]

El servicio es un sello distintivo de la fe cristiana. ¿Qué puedes hacer hoy para demostrar tu corazón de amor y servicio? ¿Quién necesita tu ayuda? ¿Tu cuidado?

_____

_____

_____

_____

_____

_____

_____

_____

_____

_____

_____

_____

_____

_____

_____

_____

_____

_____

_____

_____

_____

_____

_____

Ministra el amor de Dios

También tendrás este hijo.
GÉNESIS 35:17

R aquel, la esposa de Jacob, murió en el parto. La enterraron cerca de Belén, y su sepultura fue marcada con un pilar que su devoto esposo levantó en su memoria. La sobrevivieron Jacob, su hermana Lea, su primogénito José y su nuevo bebé, Benjamín.

La muerte de Raquel nos presenta dos «primeros» fascinantes:

- La muerte de Raquel es el primer caso de muerte durante el parto que registra la Biblia. Mientras viajaba de Bet-el a Efrata, «cuando dio a luz Raquel... hubo trabajo en su parto». En un esfuerzo por animarla y tranquilizarla, su partera le dijo: «No temas, que también tendrás este hijo». Y sus palabras se cumplieron, pero el principio de la vida del segundo hijo de Raquel marcó el final de la suya.

- El pilar que levantó el afligido Jacob sobre la sepultura de Raquel es la primera lápida que se registra en la Biblia.

La vida de Raquel estuvo marcada por mucho amor y fue afectada por muchas luchas. En el pilar erigido en su honor podría haberse grabado con dos frases:

- *Esposa amada*. Raquel fue el amor verdadero de Jacob desde el instante en que se conocieron.

- *Madre amorosa*. En un momento, Raquel le exigió a Jacob: «Dame hijos, o si no, me muero» (Génesis 30:1). Con el tiempo, Dios bendijo a Raquel y ella amó muchísimo a su hijo José, quien creció y se convirtió en uno de los más devotos y grandes de los doce hijos de Jacob.

La contribución principal de Raquel al reino de Dios ocurrió en su hogar y en los corazones de los seres más cercanos y amados por ella. Como Raquel, especialízate en ministrar el amor de Dios en tu hogar y en las personas a tu alrededor.

_____

_____

_____

_____

_____

_____

_____

_____

_____

_____

_____

_____

_____

_____

_____

Lea

Sigue adelante con fe

Allí también sepulté yo a Lea.
GÉNESIS 49:31

N o sabemos cómo terminó la vida de Lea. La única mención de su muerte es cuando Jacob dijo: «sepulté yo a Lea».

La vida de Lea estuvo llena de dolor y tristeza, desaliento y decepción, reveses y desilusiones. Sin embargo, aunque vivió su vida a la sombra del amor radiante de Jacob y Raquel, ella siguió adelante con su vida y disfrutó de tres bendiciones extraordinarias:

- Dios bendijo a Lea con seis hijos y una hija. Judá fue uno de sus hijos y, a través de su linaje, vendría Jesucristo el Salvador.

- A Lea la enterraron con su esposo. Lea, no Raquel, yace junto a Jacob en el panteón familiar.

- Lea aparece en la lista de *Quién es quién* de Dios (Génesis 49:31). Lea (que significa «cansada») está entre aquellos recordados por siempre, junto a Abraham, Isaac y Jacob, y sus esposas Sara y Rebeca.

Toda vida —incluso la tuya— tiene sus valles de sombra. ¿Cómo puedes seguir adelante a pesar de las angustias? Imita lo que Lea aprendió…

Lección #1: Adopta un enfoque a largo plazo. Los propósitos de Dios se cumplen a lo largo de toda tu vida, no en los fragmentos de un momento, un día o un año. Lo que más cuenta es la suma de tus aportes. El ser una esposa dedicada, una madre amorosa y un bien para las personas que te rodean son aportes al reino de Dios que nunca podrán medirse completamente.

Lección #2: Ama a manos llenas a tanta gente como puedas. La verdadera medida de una vida para Dios no es lo que recibes, sino lo que das.

Confíale el resultado a Dios

Allí también sepulté yo a Lea.
GÉNESIS 49:31

Mucho mejor que leer un tomo de *Quién es quién en la historia de la iglesia*, es leer las listas de Quién es quién de los hombres y las mujeres que moldearon a la nación de Israel. Encontramos una de esas listas en Génesis 49. Lea está en esta lista de personas muy reconocidas, y esto nos dice algo muy significativo sobre quién es importante en el reino de Dios.

Cuando Jacob, el hijo de Isaac y nieto de Abraham, estaba a punto de morir en Egipto, bendijo primero a sus doce hijos. Luego, después de pronunciar sus bendiciones, Jacob les encargó a sus hijos que lo sepultaran en el campo de Macpela en la tierra de Canaán y les explicó la razón:

> Allí sepultaron a Abraham y a Sara su mujer;
> allí sepultaron a Isaac y a Rebeca su mujer;
> allí también sepulté yo a Lea.

Por fin, Lea fue honrada por su esposo. Durante la vida de Lea, Jacob nunca fingió amarla ni escondió el amor que sentía por Raquel, su hermana. Pero al final pidió que lo enterraran junto a Lea. Y Lea —no Raquel— aparece en la lista de Quién es quién de las parejas patriarcales a través de las que Dios cumplió la promesa de un Salvador. Lea es mencionada justo al lado de Abraham, Isaac, Jacob, Sara y Rebeca. La fiel Lea finalmente recibió el honor que nunca conoció durante sus días en la tierra.

Tu llamado —como el de Lea— es mantenerte fiel… hasta el final. Los honores no siempre se otorgan a lo largo del camino de la vida. Es posible que tiren flores a tu paso, pero la corona del ganador no se concede hasta el final de la carrera. Independientemente de los obstáculos del camino a la gloria, o de la tristeza o el maltrato en tu recorrido al paraíso, mira solo al Señor. Él está parado al final para recibirte… está al final para entregarte tu premio. ¡Espera por el «bien hecho» de Dios! ¡Ya verás que llegará!

_____

_____

_____

_____

_____

_____

_____

_____

_____

_____

_____

_____

_____

_____

_____

_____

Valor para aceptar el desafío

46 Sifra y Fúa

Elige el camino de Dios

Si es hijo, matadlo.
ÉXODO 1:16

Todo problema exige una solución, y el faraón de Egipto tenía uno bien grande: José, el hijo de Raquel y Jacob. Durante una hambruna devastadora, el único alimento disponible estaba en Egipto, así que Jacob y su familia se mudaron allí. Se reunieron con José y disfrutaron juntos muchos años maravillosos, hasta que «se levantó sobre Egipto un nuevo rey que no conocía a José; y dijo a su pueblo: He aquí, el pueblo de los hijos de Israel es mayor y más fuerte que nosotros» (Éxodo 1:8-9).

- *El problema:* el rápido aumento en la cantidad de israelitas.

- *La solución:* matar a todos los bebés varones.

- *Los medios*: las parteras de las hebreas, Sifra y Fúa.

Sifra y Fúa eran profesionales que ayudaban a las mujeres hebreas en sus partos y el cuidado inicial de sus recién nacidos. Cuando estas dos mujeres recibieron órdenes de matar a los bebés que estaban ayudando a venir al mundo, ellas enfrentaron un enorme dilema.

- *El problema:* les ordenaron que mataran a todos los bebés hebreos varones que nacieran.

- *La solución:* como temían a Dios, las mujeres desobedecieron calladamente la orden.

Cada problema prueba el temple de tu lealtad a Dios y a sus normas. Cada problema te pregunta: «¿A quién vas a obedecer?». Ármate de valor como Sifra y Fúa, que arriesgaron sus vidas al ignorar la orden de matar del faraón. Sé valiente cada vez que surja un problema y escoge el camino de Dios.

Jocabed

Fe en la vida cotidiana

Le tuvo escondido [a su bebé] tres meses.
Éxodo 2:2

¿Te has preguntado alguna vez cómo es la verdadera fe en la vida cotidiana? Te presento a Jocabed, un verdadero cuadro de la fe en acción. Observa algunos datos claves sobre esta gran mujer de fe:

> *Su herencia:* hija de Leví, Jocabed se casó con Amram, un hombre de la tribu de Leví (Éxodo 2:1; 6:20). A través de Leví, Jocabed y Amram heredaron la fe de Abraham, Isaac y Jacob.

> *Su situación:* como madre de un recién nacido varón, Jocabed enfrentaba un dilema aterrador. Ella sabía que el faraón egipcio había ordenado que echaran al río Nilo a todos los niños judíos recién nacidos para que murieran (Éxodo 1:22).

> *Su fe:* motivada por su confianza en Dios y el amor por su hijo, Jocabed dio un atrevido paso de fe y escondió al pequeño Moisés. Este singular acto de fe la califica como alguien cuya vida testifica de la fe en Dios. Solo tres

mujeres —Sara, Rahab y Jocabed— se mencionan entre los héroes de la fe de Dios (Hebreos 11). La Biblia dice sobre Jocabed: «Por la fe Moisés, cuando nació, fue escondido por sus padres por tres meses, porque... no temieron el decreto del rey» (v. 23).

Su decisión: la fe de Jocabed alimentó su valentía. Ella decidió que no obedecería la orden del faraón ni tampoco le temería a él ni a cualquier consecuencia. Jocabed confió en Dios y le salvó la vida a su bebé.

En tu vida cotidiana, ¿qué evidencias hay de tu fe? ¿Qué acciones o decisiones pueden ver otras personas que revelan tu obediencia y tu amor por Él? Como hija de Dios, preséntale a tu Padre celestial las situaciones que te asustan y que parecen imposibles. Entiende que la preocupación termina cuando la fe comienza... y que la fe termina cuando la preocupación comienza. Declara con David: «En el día que temo, yo en ti confío» (Salmos 56:3).

48 Jocabed

¡Corre el riesgo!

Tomó una arquilla… y lo puso… a la orilla del río.

ÉXODO 2:3

El sabio escritor de Eclesiastés les dice a las mujeres que aman a Dios: «Echa tu pan sobre las aguas; porque después de muchos días lo hallarás» (11:1). Este principio para vivir una vida de fe alude a una práctica agrícola en la que se tira la semilla sobre el agua o en tierra húmeda y luego se espera hasta que se produzca una cosecha. Como los agricultores, hay momentos en los que tienes que arriesgarte para poder disfrutar las recompensas de la fe. Tienes que dar el paso *antes* de poder recibir la bendición de Dios.

Cuando el faraón egipcio ordenó que ahogaran en el Nilo a todos los niños judíos recién nacidos, Jocabed se vio obligada a arriesgarse con su «semilla»… con su pequeño bebé, Moisés. Ella lo escondió por tres meses. Pero cuando se dio cuenta de que ya no podía ocultar a un infante vigoroso, Jocabed confió en Dios y «tomó una arquilla de juncos… colocó en ella al niño y lo puso en un carrizal a la orilla del río». Estaba echando su pan —su amado hijo— sobre las aguas. En su gran providencia, Dios trajo a la hija del faraón a la ribera del río. Ella encontró la arquilla y tuvo compasión del infante. Como necesitaba a una nodriza para el bebé, la princesa encontró a Jocabed… prueba adicional de la providencia de Dios. Jocabed pudo conservar y criar al preciado bebé que había colocado en las manos de Dios al ponerlo en el río. ¡La semilla de fe de Jocabed germinó!

¿Qué reto en tu vida precisa un riesgo de fe? ¿Estás enviando a tu hijo a la escuela o a la universidad, a una vida nueva de casado, a un empleo en otra ciudad o estado, a servir a Dios en el campo misionero o en el servicio militar? ¿Sientes que estás perdiendo a tu hijo o a tu hija? Ten la fe de Jocabed. Sé valiente. Corre el riesgo y suéltalos. Confía en Dios y, con el tiempo, cosecharás sus bendiciones.

_____

_____

_____

_____

_____

_____

_____

_____

_____

_____

_____

_____

_____

_____

Un corazón valiente

La hija de Faraón… [tuvo] compasión de él.
Éxodo 2:5-6

*D*os cosas siguen en pie como una roca:

> La bondad ante los problemas de otros;
> El valor en los nuestros.[8]

No se sabe mucho sobre la misteriosa hija del faraón, pero su bondad y su valor han perdurado a través del tiempo. Las Escrituras nos cuentan sobre aquel día soleado cuando esta princesa bajó a bañarse en el río Nilo. Mientras se paseaba por la ribera del río, alcanzó a ver una cesta flotando y en ella encontró a un pequeño bebé. Esta mujer sabía que el bebé era uno de los hijos de los hebreos que su padre había ordenado matar, pero ella tuvo compasión de él. ¡La hija del faraón tenía un corazón sensible y valiente!

- *Era compasiva.* Cuando escuchó el llanto del bebé, la hija del poderoso faraón sacó al infante del agua y lo llamó Moisés.

- *Era bondadosa.* A riesgo de poner en peligro la relación con su padre, esta princesa pensó que sería muy cruel asesinar al tierno infante que tenía en los brazos. Le ofreció bondad a alguien que estaba en problemas.

- *Era valiente.* La compasión y la bondad encendieron el valor en la princesa y opacaron cualquier miedo que pudiera tener por estar desobedeciendo a su padre.

Aunque la hija del faraón era pagana, Dios usó la bondad y el valor de ella para beneficiar a su pueblo. Esta tierna mujer del pasado —cuyo nombre ni siquiera sabemos— nos reta hoy día. Oremos para ser más bondadosas ante las dificultades de los demás. Para ser valientes y compasivas cuando se presente la necesidad.

_____

_____

_____

_____

_____

_____

_____

_____

_____

_____

_____

_____

_____

_____

_____

_____

Astuta y valiente

La muchacha [Miriam] fue y trajo a la madre del niño.

Éxodo 2:8, NVI

*T*radicionalmente, las niñas judías permanecían bajo la instrucción de sus madres hasta el matrimonio. Así que, para cuando Moisés nació, ya Jocabed le había enseñado a Miriam las valiosas cualidades de la diligencia, fidelidad, responsabilidad y sabiduría. La joven Miriam demostró claramente cada una de estas virtudes.

Como el faraón había ordenado que ahogaran a todos los niños judíos recién nacidos, cuando los padres de Moisés tuvieron un varoncito lo escondieron hasta que ya no pudieron mantenerlo callado. Llegó el día angustioso cuando colocaron a Moisés en una cesta y la pusieron en el río. Aunque sabían que Dios cuidaría de él, aun así fue doloroso.

Tal vez la madre de Moisés no podía soportar ver lo que podría pasarle a su amado bebé. O quizás su presencia en la ribera del río hubiera sido demasiado obvia. ¿O acaso ella le pidió a Miriam que se quedara a cierta distancia y vigilara la cesta? ¿O fue la valiente y dedicada hermana la que decidió quedarse por cuenta propia y cuidar de su hermanito? No importa cómo haya ocurrido, ella estuvo allí cuando la hija del faraón llegó al río a bañarse y terminó rescatando al infante. Miriam —astuta y valiente— pensó rápidamente, dio un paso adelante y preguntó: «¿Quiere usted que vaya y llame a una nodriza hebrea, para que críe al niño por usted?». Y, con el permiso de la princesa, ¡Miriam trajo a Jocabed para alimentarlo! Debido al amor de Miriam por su hermanito menor y su reacción rápida, su familia pudo cosechar una bendición doble:

- Jocabed recuperó a su bebé.

- Jocabed devengó un salario por criar a Moisés.

Enseñar a tus pequeñines sobre el amor, la misericordia, la dedicación y la compasión; así como la diligencia, la fidelidad, la responsabilidad y la sabiduría —el tipo de características que vemos en Miriam— comienza contigo. Tus hijos e hijas crecerán, y serán un reflejo de tus méritos. ¿Qué están viendo hoy en ti y qué están aprendiendo de tus acciones?

_____

_____

_____

_____

_____

_____

_____

_____

_____

_____

_____

Jocabed

¡Haz que cada día cuente!

[Jocabed] tomó al niño y lo crió.
ÉXODO 2:9

Dios les da a los padres cristianos la tarea de instruir a sus hijos para Él. Proverbios 22:6 (NVI) dice: «Instruye al niño en el camino correcto». Jocabed crio a Moisés, el menor de sus hijos, durante los primeros tres años de su vida y luego tuvo que entregárselo a su mamá adoptiva. ¿Puedes imaginarte lo mucho que le dolió el corazón cuando tuvo que entregarle a Moisés a la hija del faraón para que lo criara? Sin embargo, la instrucción diaria y fiel de Jocabed durante aquellos tres años dio fruto en la vida de su hijo. La segunda mitad de Proverbios 22:6 se hizo realidad: «Y aun cuando fuere viejo no se apartará de él». A los cuarenta años, Moisés escogió identificarse con el pueblo de Dios en lugar de permanecer en el palacio del faraón (Hebreos 11:24-26). Ese fue el primer paso gigante hacia la importante misión que Dios tenía para él.

Deuteronomio 6:5-7 nos ofrece dos principios para instruir a los hijos:

Ama a Dios. «Y amarás a Jehová tu Dios de todo tu corazón, y de toda tu alma, y con todas tus fuerzas». Conságrate a tu Padre celestial. Ámalo más que a nadie y por encima de todo.

Enséñales la Palabra de Dios. «Y estas palabras que yo te mando hoy, estarán sobre tu corazón; y las repetirás a tus hijos, y hablarás de ellas estando en tu casa, y andando por el camino, y al acostarte, y cuando te levantes». Comunícales fielmente las verdades de las Escrituras.

Un axioma de la enseñanza advierte: «No puedes transmitir lo que no posees». ¿Es Dios el centro de tu vida? ¿Es el agradar a Dios la mayor preocupación de tu vida? Con un fundamento de amor profundo por Dios y su Palabra escondido en tu corazón, tienes definitivamente algo crucial que enseñarles a tus hijos. Consciente y constantemente haz que cada día cuente… háblales a tus hijos sobre Dios.

Poder en contra del mal

Ella lo trajo [a Moisés] a la hija de Faraón.
Éxodo 2:10

Tenemos evidencia por doquier de que hay maldad en este mundo caído. Nos llegan noticias terribles del mundo entero. Pero ¡anímate! Tú puedes marcar la diferencia. Por ejemplo, tomemos a Jocabed. Como madre, ella vivía en un mundo malvado, que empeoraba de día a día. Cuando nació su tercer bebé, el faraón egipcio presentó su malvada mano de opresión. Él ordenó que mataran a todos los niños hebreos que nacieran (Éxodo 1:16, 22). ¿Qué podía hacer Jocabed —una mujer piadosa y madre devota— en contra de semejante maldad? ¡Podía actuar con fe!

- *Valor.* Jocabed decidió que cuidaría a su bebé en lugar de matarlo y, de esa manera, lo preservó para bendecir al mundo.

- *Creatividad.* Jocabed hizo una cesta con juncos, la cubrió con brea y asfalto natural para que fuera impermeable y, luego, colocó a su bebé en ella para que flotara por el río Nilo hasta donde iba regularmente la hija del faraón.

- *Crianza.* Durante el tiempo breve que ella tuvo a Moisés, Jocabed lo crio amorosamente y lo entrenó con diligencia en los caminos del Señor.

- *Confianza:* Después de haber criado amorosamente a su hijo y de haberlo instruido espiritualmente, Jocabed devolvió a su hijo a la casa del faraón, confiando en que Dios cuidaría de su muchacho.

Dios usó el valor, la creatividad, la crianza y la confianza en Dios de Jocabed para colocar a su hijo en la casa del faraón. Allí él fue educado y se familiarizó con las costumbres egipcias, y, más tarde, Dios usó a Moisés para libertar a su pueblo de la opresión.

Si eres mamá, no te preocupes a causa de los malvados. En lugar de esto, acepta el reto y dedícate a criar hijos e hijas que amen a Dios. ¡Y no te desanimes! El príncipe de las tinieblas está indefenso ante el poder de la verdad que tú siembras en los corazones y en las mentes de tus hijos.

Miriam

Audaz para el ministerio

Miriam… hermana de [Moisés y] Aarón.
ÉXODO 15:20, NVI

Miriam, ¿qué consejo les darías a las mujeres solteras? Imagínate a una entrevistadora haciéndole esta pregunta a Miriam, una de las supersolteras del pasado.

Tal vez Miriam diría simplemente: «Conságrate al ministerio». Según la Biblia, parece que Miriam veía su soltería como una oportunidad para entregarse completamente al ministerio. Como resultado, se convirtió en una de las líderes femeninas más influyentes de la Biblia (Miqueas 6:4). A lo largo de la liberación del pueblo de Dios de la esclavitud egipcia y su peregrinaje a la Tierra Prometida, Miriam acompañó y ayudó a sus hermanos, Aarón y Moisés, a liderar a los israelitas.

Si no estás casada, únete a Miriam en su perspectiva del ministerio. Sí, tal vez tengas tu carrera profesional (y eso también es una oportunidad importante para ministrar), pero el resto de tu tiempo está disponible.

Si eres soltera o casada, toma tiempo para orar sobre estas dos preguntas:

- ¿Con cuánta eficacia estoy usando mi tiempo «libre» —mis noches, mis fines de semana, las siestas de mis hijos— para el reino de Dios?

- ¿Qué puertas del ministerio están abiertas para mí ahora?

Simplemente piensa en los innumerables ministerios que podrías llevar a cabo en tu tiempo libre. Podrías ser mentora de otra mujer. Podrías escribirle una carta o un correo electrónico a una misionera que se siente sola. Podrías llevarle una cena especial a alguien que esté sufriendo físicamente. Podrías visitar a una confinada. Podrías ayudar a tu iglesia a prepararse para los servicios de adoración. Acepta el reto y da un paso atrevido hacia el campo del ministerio desinteresado. ¡Busca el tiempo para hacerlo!

Miriam

Alabanza y profecía

Miriam la profetisa…
Éxodo 15:20, nvi

Una profetisa recibía mensajes de parte de Dios y se los comunicaba a otros. Ella alababa abiertamente al Señor con palabras y canciones que venían de Él o eran inspiradas por Él. Solo un puñado de mujeres recibió este papel y título en las Escrituras. Entre ellas figuran Miriam, Débora, Hulda, Ana y las cuatro hijas de Felipe.[9] Miriam es la primera mujer que la Biblia menciona con este raro honor.

Los años previos a las profecías de Miriam incluyeron la esclavitud de su pueblo bajo la mano opresora de los egipcios. Cuando los hijos de Israel clamaron a Dios por ayuda, Él envió a Moisés y Aarón, los hermanos de Miriam, para negociar la libertad de los israelitas. Existía mucha tensión en ese momento porque el faraón había aumentado el volumen de trabajo de los judíos y cambiaba de parecer repetidamente con respecto a su liberación. Después de diez encuentros con Moisés y numerosas plagas orquestadas por Dios, incluida la muerte de todos los hijos primogénitos de los egipcios y el ganado, el faraón finalmente permitió la salida de los israelitas. Pero aun así estaba tan enojado que envió a un ejército a perseguirlos (Éxodo 14:7).

Esta situación dramática fue el telón de fondo para otra escena poderosa y sobrenatural. Tan pronto como el pueblo judío caminó a través de las aguas milagrosamente divididas del Mar Rojo, Dios hizo otro milagro y juntó las aguas, y todo el ejército egipcio se ahogó. ¡Qué maravilla! ¡Qué alivio para los judíos! ¡Qué liberación!

Moisés inmediatamente entonó una canción de alabanza, y Miriam también ofreció su propia canción de alabanza inspirada por Dios. Con pandereta en mano y seguida por todas las mujeres danzando y tocando sus panderetas, Miriam cantó: «Canten al Señor, que se ha coronado de triunfo arrojando al mar caballos y jinetes». ¡Amén!

Inspirada para servir

Todas las mujeres la seguían.
ÉXODO 15:20, NVI

¿*T*ienes aspiraciones de liderazgo? Considera algunos principios del liderazgo espiritual. Luego, pídele a Dios que te ayude a desarrollarlos:

- *Una líder es una seguidora.* Para ser una buena líder primero tienes que ser una seguidora. El liderazgo es una disciplina y, en el proceso de ser una seguidora fiel, desarrollas esa disciplina.

- *Una líder es una mujer de oración.* La oración trae al liderazgo el poder y la energía del Espíritu Santo. El misionero y líder, Hudson Taylor, estaba convencido de que es posible mover a otros, por medio de Dios, usando solo la oración.

- *Una líder es una iniciadora.* Los líderes auténticos corren riesgos y se mueven con valentía para hacer realidad su visión.[10]

Si quieres un modelo excelente de liderazgo, mira cómo Miriam practicó estos mismos principios:

- *Miriam fue una seguidora.* Ella sirvió y ayudó fielmente a sus hermanos, Aarón y Moisés, mientras ellos dirigían al pueblo de Dios (Miqueas 6:4).

- *Miriam fue una mujer de oración.* Como profetisa y mujer de oración, Miriam estaba llena del Espíritu Santo, quien inspiraba sus palabras.

- *Miriam fue una iniciadora.* Conmovida por la derrota divina y milagrosa del ejército egipcio en medio del Mar Rojo, Miriam «tomó una pandereta» y dirigió a las mujeres en una canción y una danza de alegría.

¡Permite que el Espíritu de Dios y el ejemplo de Miriam te inspiren a servir al Señor y a su pueblo!

Separadas para Dios

[El] voto de nazareo...
NÚMEROS 6:2

Como creyente de Jesucristo, has sido separada para Dios. Has sido librada de la potestad de las tinieblas y trasladada al reino del Hijo de Dios (Colosenses 1:13). Jesús logró estas maravillas por ti.

En la época de Moisés, un grupo de mujeres decidió ir más allá que solo dar sus posesiones materiales y su tiempo. Dios les permitió una ofrenda de corazón especial —un voto— a las personas laicas que deseaban dedicarle a Él mucho más. La ley establecía que cuando un hombre o una mujer hacían el voto de nazareo para consagrarse al Señor, él o ella debían abstenerse de ciertas cosas y costumbres.

¿De qué se abstenía una mujer nazarea que hacía voluntariamente el voto de nazareo? La inusual lista de Dios incluía el vino, los productos de la vid, cortarse el pelo y tocar cadáveres. Al someterse a estas restricciones en sus vidas cotidianas, las personas que hacían el voto se separaban visible y públicamente del resto del mundo y declaraban su consagración a Dios.

¿Qué me dices de ti?

- ¿Te has separado para Dios en tu corazón y en tus prácticas?

- ¿Pueden otros decir por tu conducta, tus palabras y tus actitudes que estás separada del mundo?

- ¿Sienten las personas que hay algo sobre ti que parece «fuera de este mundo»… una consagración incondicional a Dios?

- ¿Has concentrado tu atención en las cosas de arriba? ¿Está buscando tu corazón esas cosas que Cristo valora (Colosenses 3:1-2)?

Conságrate nuevamente al Señor hoy. Sepárate para Dios.

_____

_____

_____

_____

_____

_____

_____

_____

_____

_____

_____

_____

_____

_____

_____

_____

Redimida y transformada

*[Ellos] entraron en casa de una ramera
que se llamaba Rahab.*

Josué 2:1

«*R*ahab, la ramera». A lo largo de toda la Biblia, estas tres palabras se refieren a una mujer extraordinaria que aparece en el Salón de la Fama de la fe (Hebreos 11). Y, sin duda, ella tiene una historia de antes y después que contar.

Antes. Rahab era una amorrea idólatra. Ra era el nombre de un dios egipcio, y el nombre completo de Rahab quería decir «orgullosa». La Biblia también dice que Rahab era una ramera, una prostituta.

Intervención de Dios. Dios tocó el corazón de Rahab y la transformó en una nueva criatura. Para Rahab, las cosas viejas pasaron y todas fueron hechas nuevas (2 Corintios 5:17).

Después. Después de muchos actos de fe heroicos, Dios bendijo abundantemente la vida de Rahab. ¿Cuáles fueron algunas de esas bendiciones tangibles?

- Rahab se casó con Salmón, un príncipe de la casa de Judá.

- Rahab y Salmón engendraron a un hijo llamado Booz… cuyo hijo fue Obed… cuyo hijo fue Isaí… cuyo hijo fue David… de cuya genealogía nació Jesús (Rut 4:20-22; Mateo 1:1, 5).

Dale gracias a Dios por tu propia historia de redención y transformación. Para alabanza de la gloria de su gracia, Dios te acepta, te redime y perdona tus pecados (Efesios 1:6-7).

_____

_____

_____

_____

_____

_____

_____

_____

_____

_____

_____

_____

_____

_____

_____

_____

_____

_____

_____

58 Rahab

Una fe extraordinaria

Yo sé que el Señor y Dios es Dios.
Josué 2:11, NVI

*P*uedes explicar claramente en qué crees? Rahab lo hizo, y su declaración de fe salvó su vida. He aquí lo que ocurrió.

Llegó el momento de que el pueblo de Dios entrara en la tierra que Dios les había prometido. Josué, el líder escogido por Dios, envió a dos espías para que reconocieran la ciudad amurallada de Jericó. Mientras estaban allí, se hospedaron en casa de Rahab. Cuando el rey de Jericó le exigió a Rahab que entregara a los hombres, ella actuó con valor, los escondió inmediatamente y les dijo a las autoridades que ellos ya se habían ido.

¿Por qué esta ramera y residente de una ciudad impía se arriesgó de tal forma? Escucha las palabras que Rahab dijo a los espías... y su corazón de fe en Josué 2:9-11:

- Yo sé que el Señor les ha dado la tierra.

- Hemos escuchado cómo el Señor secó las aguas del Mar Rojo para que ustedes salieran de Egipto.

- El Señor tu Dios, Él es Dios arriba en el cielo y abajo en la tierra.

La declaración de fe de Rahab revela claramente su extraordinaria fe y su conocimiento de Dios. Obviamente, ella sabía quién era Dios y lo que Él había hecho por su pueblo. Ella sabía del plan divino de entregar aquella tierra a su pueblo escogido. Y también sabía que Él era el Dios del cielo y de la tierra. Sin duda alguna, Rahab tenía muy claros sus datos sobre Dios.

Toma tiempo para pensar… y para orar… y para enunciar claramente tus creencias. Busca también en las Escrituras. ¿Qué diría tu declaración de fe? ¿Cuánto sabes sobre Dios y los pactos con su pueblo? ¿Con cuántos de sus atributos estás familiarizada? Asegúrate de saber en qué crees… y luego, como hizo Rahab, anúnciales tu fe a otros.

Pide y actúa con osadía

Dame también fuentes de aguas.
JOSUÉ 15:19

csa era una mujer valiente y sabia. Era hija de Caleb —uno de los espías que sirvió a Josué— y Acsa aprendió de su padre a pedir lo que quería.

Cuando Acsa se casó, la dote que Caleb le dio incluía una parte de sus tierras. Pero, como el agua era crítica en aquel clima árido, Acsa le pidió osadamente a su padre: «Dame también fuentes de agua». ¡De tal palo tal astilla!

Sería fácil pasar por alto a Acsa, pero su vida tiene mensajes importantes:

Mensaje #1: ¡Está atenta! La mujer sabia «está atenta a la marcha de su hogar» (Proverbios 31:27, NVI). Acsa se dio cuenta de que tener agua en su propiedad mejoraría el bienestar de su familia.

> *Chequeo:* ¿Estás cuidando tu hogar? ¿Sabes cuáles son las mejoras que aumentarían el bienestar de tu familia?

Mensaje #2: Mejora. La mujer sabia mejora su propiedad. Acsa se percató de qué hacía falta para mejorar su propiedad.

Chequeo: ¿Estás mejorando tu residencia (tu casa, dormitorio o tu residencia estudiantil)? ¿Tienes un plan de acción (aunque sea para dar una buena limpieza)? ¿Cuándo vas a comenzar?

Mensaje #3: Pide. Acsa sabía lo que quería y necesitaba para poder hacer las mejoras a su propiedad. También sabía a quién podía pedírselo: a su padre, Caleb, que era dueño de las fuentes de arriba.

Chequeo: ¿Le pides a Dios sabiduría, dirección y provisión? ¿Le consultas a tu esposo? ¿Pides ayuda a otras personas que podrían ayudarte? Pide primero, y luego actúa.

La marca de una mujer excepcional

Gobernaba a Israel una profetisa llamada Débora.

JUECES 4:4, NVI

*L*a vida y el ministerio de Débora fueron realmente extraordinarios. Su belleza extraordinaria consta de muchas perlas de verdad y sabiduría hermosas:

- *Una mujer excepcional.* Débora era profetisa, esposa y jueza. Además, fue a la guerra con el ejército israelita, cantó una canción al Señor y la llamaron «una madre en Israel» (Jueces 5:7, NVI). La Biblia no describe de esta manera a ninguna otra mujer.

- *Un llamado excepcional.* A Débora la denominan «profetisa». La Biblia solo menciona a un puñado de mujeres que fueron llamadas a esta elevada posición.

- *Una esposa excepcional.* A la par de los papeles específicos que Dios llamó a Débora a desempeñar, ella también era la «esposa de Lapidot» (Jueces 4:4, NVI).

- *Una líder excepcional.* Débora sirvió en su hogar y como uno de los jueces de Dios sobre su pueblo. Su liderazgo se extendía más allá de su lugar de juicio

—«la Palmera de Débora»— hasta la llanura del campo de batalla donde estuvo hombro a hombro con Barac, el comandante del ejército (versículos 5 y 9).

- *Una fe excepcional.* Aunque otros dudaron; entre ellos, Barac, la fe de Débora en la victoria segura de Dios nunca flaqueó, aun cuando las probabilidades estaban en contra de Israel.

- *Una poetisa excepcional.* Inspirada por Dios y desde un corazón agradecido, Débora cantaba; le rendía homenaje a Dios (ver Jueces 5).

«¡Excepcional!». ¿Acaso este valioso adjetivo marca tu vida? Aunque los detalles no serán los mismos, tu compromiso con Dios y la actitud de tu corazón pueden corresponder a los de Débora. ¿Cómo? Sé diligente. Sé una mujer consagrada y dedicada. Mantente disponible y preparada. ¡El resto depende de Dios!

_____

_____

_____

_____

_____

_____

_____

_____

_____

Fuerza de mente, cuerpo y corazón

Y levantándose Débora, fue con Barac
[a la guerra].

JUECES 4:9

«Mujer virtuosa, ¿quién la hallará?» (Proverbios 31:10). Pues bien, Dios encontró a una en Débora. Una mujer virtuosa posee poder de la mente (valores y actitudes morales) y poder del cuerpo (habilidad y eficacia). Débora —profetisa y jueza en Israel— poseía ambas. Ella aplicaba las leyes de Dios, y supervisaba y aconsejaba a su pueblo. Débora era físicamente fuerte y por eso acompañó a Barac al campo de batalla. Si bien algunos podrían tener dificultad con el cuadro mental de una mujer con una espada en mano, Dios solo tuvo elogios para esta mujer y guerrera excepcional (Jueces 4–5).

La palabra hebrea para «virtuosa» se usa en la Biblia más de 200 veces para describir a un ejército. También es acertada para describir a Débora. Este término del Antiguo Testamento se refiere a una «fuerza» y quiere decir «capaz, apto, poderoso, fuerte, valiente, poderoso, virtud, riqueza y valor». La palabra también se usa en referencia a un hombre u hombres de guerra, y hombres preparados para la guerra. Simplemente cambia el masculino por femenino, y comenzarás a entender el poder en la esencia de una mujer virtuosa, el poder en la esencia de Débora.[11] Para dirigir al pueblo de Dios en la batalla contra sus opresores, Débora recurrió a su fortaleza mental y a su energía física, y estas son características básicas de un ejército exitoso. Las tareas que enfrentas día tras día te llaman a ser una mujer virtuosa con mucho poder de la mente y del cuerpo. La fortaleza mental y la energía física impiden que te rindas, tires la toalla, te des por vencida o desistas de las metas de Dios para ti mientras le sirves.

Toma un momento para pedirle fuerzas a Dios... la fuerza de Él. Dile que tu deseo es llegar a ser una mujer que enfrenta los retos y las tareas de la vida con valor, coraje, valentía, vitalidad, resistencia y poder... *su* poder.

«Una madre en Israel»

¡Yo, Débora, me levanté como una madre en Israel!

JUECES 5:7, NVI

Es posible que Golda Meir, ex primera ministra de Israel, supiera sobre Débora, una jueza y líder de Israel. Golda Meir (1898–1978) dijo una vez: «No tengo ninguna ambición de ser alguien»; sin embargo, Meir llegó a ser grande en su vida al soñar con un Estado judío y luego ser testigo de su nacimiento.[12] En su tiempo, la primera ministra Golda Meir fue algo así como una madre en Israel.

Dios atribuyó originalmente el título «una madre en Israel» a la profetisa Débora. Debido a sus roles en el pueblo de Dios como líder, jueza, guerrera, motivadora, libertadora y protectora, Débora se convirtió en una madre espiritual para los israelitas. Su fe excepcional le dio fuerza y valor al pueblo de Dios. Su consagración a Dios la capacitó para despertar a los israelitas de su letargo espiritual. El compromiso de ella con Dios y con su pueblo le dio energías para servir. Bajo la judicatura de Débora, Israel disfrutó de 40 años de paz.

Sin duda, todas deseamos también la excepcional e incondicional devoción a Dios que tenía Débora. Fíjate en los factores que contribuyeron a ese compromiso ferviente y absoluto, y que fomentaron su gran fe:

- *Una vida dedicada a la Palabra de Dios:* toda la Biblia es útil para instruir en la justicia. La Palabra de Dios te capacita para las buenas obras (2 Timoteo 3:16-17).

- *Una vida dedicada a la oración:* para hacer grandes cosas para Dios, pídele a Dios grandes cosas. La Biblia dice: «No tienen, porque no piden» (Santiago 4:2, NVI). Entonces, pide más fuerzas y perseverancia; más fe y consagración.

- *Una vida dedicada a la obediencia:* cuando dedicas tu vida a ser «una hacedora de la palabra», Dios te promete que serás bendecida (Santiago 1:22, 25).

_____

_____

_____

_____

_____

_____

_____

_____

_____

_____

_____

_____

_____

_____

_____

_____

El acto sorprendente de Jael

Bendita sea entre las mujeres Jael.

JUECES 5:24

A primera vista, la historia de Jael puede causar confusión. ¡La Biblia la elogia por haber asesinado a alguien! Aclaremos algunos datos antes de considerar la descripción que hace Dios de esta mujer que demostró su amor por Él de una forma muy peculiar:

- Israel estaba en guerra con el rey de Canaán.

- Jael y su esposo, Heber, el ceneo, estaban viviendo en una tienda como a más de veinte kilómetros del campo de batalla.

- Cuando Israel derrotó al ejército cananeo, el pueblo de Dios estaba persiguiendo a Sísara, el capitán del ejército enemigo.

- Cansado y hambriento, Sísara llegó a la tienda de Jael.

- Mientras Sísara estaba durmiendo, Jael tomó una estaca de la carpa y se la clavó en la sien con un martillo (ver Jueces 4:17-21).

Aunque las acciones de Jael son sorprendentes y no tienen nada de agradables, Dios no tiene nada negativo que decir sobre ella. De hecho, Dios consideró a Jael como una heroína, una mujer que era «la amiga de Israel». En su cántico de tributo inspirado por Dios, Débora, la jueza reinante de Israel; y Barac, el capitán del ejército israelita, ofrecen elogios a Jael, la mujer que fue el instrumento de Dios para la victoria sobre el enemigo de Israel. Ellos elogian la fe de Jael, una extranjera, que puso en práctica su fe en la tienda de su familia en la única manera que ella, una beduina que vivía en carpas, sabía hacerlo. Jael usó las herramientas y las destrezas de su vida cotidiana para pelear a favor de Dios en un tiempo de guerra.

Dios elogió a alguien que se lo merecía. Toma nota en tu corazón esta historia que caracteriza a una «amiga de Israel» y pide en oración oportunidades para ayudar al pueblo y a los propósitos de Dios. Ciertamente no estoy abogando por violencia ni desorden, pero Dios puede tener planes inusuales para ti.

_____

_____

_____

_____

_____

_____

_____

_____

_____

_____

_____

_____

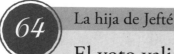

La hija de Jefté

El voto valiente de un padre

He aquí su hija [salió] a recibirle.
JUECES 11:34

¿Qué sueñan para sus hijos los padres que siguen a Dios? ¡Que ellos lo amen con todo su corazón, su alma y su fuerza! Si tienes hijos, sé diligente en…

- vivir de una forma que revele tu amor por Dios.

- educarles en la disciplina e instrucción del Señor.

- hablarles continuamente del Señor… cuando estés en la casa, en el auto, antes de acostarse, cuando te levantes.

Jefté, el noveno juez de Israel, fue llamado a dirigir a los israelitas en batalla. Él exhibió un corazón de fe, «habló todas sus palabras delante de Jehová» y fue visitado por «el Espíritu de Jehová». Jefté hizo voto a Dios que si Él le daba la victoria «cualquiera que saliere de las puertas de mi casa a recibirme… será de Jehová, y lo ofreceré en holocausto».

Lamentablemente, cuando Jefté regresó victorioso a su casa, su hija —su única hija— fue la primera que salió a recibirlo. ¿Cómo reaccionó este padre piadoso? Él rasgó sus vestidos y explicó: «le he dado palabra a Jehová, y no podré retractarme» (Jueces 11:35).

¿Cómo respondió la hija de Jefté? ¿Se rebeló? ¿Se fue de la casa? ¿Gritó? ¿Hizo un berrinche? ¿Intentó convencer a su padre de que no cumpliera su voto a Dios? No, no escogió ninguna de estas respuestas. Por la gracia de Dios, ella honró a su padre y el quinto mandamiento de Dios: «Honra a tu padre y a tu madre» (Éxodo 20:12). La hija afirmó el voto de su padre y dijo: «si le has dado palabra a Jehová, haz de mí conforme a lo que prometiste» (Jueces 11:36).

Cuando las personas —adultos y niños— viven para Dios, siempre hay precios que pagar, junto con los muchos beneficios. Como madre, ora pidiendo sabiduría y ruega que la devoción por Dios siempre crezca a pesar de las dificultades y los sufrimientos.

Y una palabra especial de advertencia: ¡Ten cuidado con lo que prometes!

Esperanza que resplandece en la oscuridad

65

La flor de la humildad

[Manoa] tenía una esposa que no le había dado hijos porque era estéril.

JUECES 13:2, NVI

¿Te gustan las flores? ¿Te quedas sin aliento y tu alma se conmueve cuando ves un hermoso ramo de flores? Mientras nos paseamos por la vida de otra mujer de Dios, notarás algunas de las flores que Dios, el Gran Jardinero, escogió para hacer que su vida fuera un hermoso tributo a Él.

La primera flor para el ramo de esta mujer encantadora es la más fragante: la flor de la humildad. Igual que la fragancia de los perfumes proviene de flores trituradas, así mismo la belleza y la devoción de la esposa de Manoa se originaron en las difíciles circunstancias de su vida. «Cierto hombre… llamado Manoa… tenía una esposa que no le había dado hijos porque era estéril». Estas palabras pueden marchitar el corazón de una mujer, bajarle el rostro y hacer suspirar su alma. Y esto era especialmente cierto en la época de Manoa, cuando la gente miraba con reproche a las parejas sin hijos. Algunos hasta pensaban que la esterilidad era un castigo de Dios.

Entonces, ¿qué hace una mujer sin hijos? Identificada solo como «la esposa de Manoa», esta mujer probablemente pasaba su tiempo orando. Sabemos que su esposo sí lo hacía. Cuando la esposa de Manoa le dijo que un ángel se le había aparecido, Manoa oró al Señor y le pidió al ángel regresara (Jueces 13:8). Como otras mujeres sin hijos en la Biblia (Sara, Rebeca, Ana y Elisabet), es de suponer que el dolor interior de esta mujer la haya acercado más a Dios.

¿Cuál es la situación de tu vida? ¿Hay algo que deseas profundamente que hasta ahora te ha sido negado? ¿Tienes algún anhelo profundo? Una vida de oración fiel tiene la agradable fragancia que llega de una humildad piadosa, de postrarse ante el Dios todopoderoso. Inclina tu rostro. Somete tu alma. Permite que Dios haga su obra exquisita en tu vida.

La flor de la fe

Pero el ángel del Señor se le apareció a ella.

Jueces 13:3, NVI

El florero que Dios seleccionó para las flores con las que Él adornó la vida de la esposa de Manoa es adecuado para un ramo exuberante. Al principio, solo contenía una flor: la fragante-pero-curva flor de la humildad. Pero el Maestro no había terminado de arreglar la hermosa existencia de la esposa de Manoa. Una segunda y rara flor fue añadida: la flor de la fe. Observa su belleza:

«Pero el ángel del Señor se le apareció a ella». Siempre que aparecía «el ángel del Señor», la ocasión era significativa, así que ¡la esposa de Manoa prestó atención!

El ángel anunció: «vas a concebir y tendrás un hijo» (NVI). Sin duda, ¡el corazón de esta mujer estéril dio un vuelco!

Después, el ángel le dio a la esposa de Manoa instrucciones específicas y personales: «Cuídate de no beber vino ni ninguna otra bebida fuerte, ni tampoco comas nada impuro» (Jueces 13:4, NVI). Estas eran las restricciones del voto de nazareo y separaban a una persona para los propósitos de Dios.

El ángel dio instrucciones adicionales con respecto al bebé por venir: «No pasará la navaja sobre su cabeza, porque el niño va a ser nazareo, consagrado a Dios desde antes de nacer» (v. 5, NVI).

¡Qué momento tan emocionante! ¿Cómo lo enfrentó la esposa de Manoa? Por fe. No hizo preguntas, no pidió señales ni mostró la más mínima duda. Ella respondió con el raro y hermoso silencio del que cree. ¡Qué hermosa flor de fe!

Para añadir la primorosa flor de la fe a tu vida y carácter, ama a Dios con todo tu corazón y estudia su Palabra. Confía en las promesas de Dios. Desarrolla una fe que se caracterice por un silencio que acepta (que no hace preguntas), un espíritu noble (que no necesita detalles) y una obediencia dulce (que no lucha con lo desconocido) a Dios y su voluntad.

_____

_____

_____

_____

_____

_____

_____

_____

_____

_____

_____

_____

_____

La flor de la maternidad

Y la mujer dio a luz un hijo.

JUECES 13:24

$\mathcal{E}$n el Día de la Madre, a menudo se honra a las mamás con rosas. Honremos aquí a la esposa de Manoa con una flor hermosa: la flor de la maternidad. Esta flor tardó en llegar y nos regocijamos con esta mujer previamente estéril.

Conocida en la Biblia como «la esposa de Manoa», por fin se puede usar otra frase para describir a esta mujer encantadora: «madre de Sansón». Esta noble mujer vivió su vida a la sombra de dos hombres: su esposo, Manoa, y su famoso hijo, Sansón, un juez del pueblo de Dios y el hombre más fuerte que jamás haya vivido. Ser esposa y madre parece que fue suficiente para su felicidad y su sentido de plenitud.

¿No te alegras de que la Biblia pinte un cuadro así de positivo sobre la crianza de los hijos? De él aprendemos estas verdades divinas sobre ser mamás:

- Los hijos son herencia del Señor (Salmos 127:3, NVI).

- El fruto del vientre es una recompensa de Dios (Salmos 127:3, NVI).

- A la mujer estéril [Dios] le da un hogar y le concede la dicha de ser madre (Salmos 113:9, NVI).

La Biblia también les ofrece consejos a los padres para criar a los hijos. He aquí algunas perlas de sabiduría:

- Instruye al niño en el camino correcto (Proverbios 22:6, NVI).

- Críenlos [a sus hijos] según la disciplina e instrucción del Señor (Efesios 6:4, NVI).

- Ama a tus hijos (Tito 2:4).

Si eres mamá, tienes un llamado elevado y noble; una responsabilidad transcendental, pues Dios te está confiando sus preciados hijos —sus creaciones especiales— a ti. Ora diariamente por tus hijos. Enséñales la Palabra de Dios con diligencia, sé ejemplo de Jesús y adoren juntos con regularidad.

_____

_____

_____

_____

_____

_____

_____

_____

_____

_____

_____

_____

_____

Un futuro y una esperanza

*Y un varón [Elimelec] de Belén de Judá
fue a morar en los campos de Moab, él y
su mujer, y dos hijos suyos.*

RUT 1:1

Las famosas palabras iniciales de Charles Dickens en *Historia de dos ciudades* afirman: «Eran los mejores tiempos, eran los peores tiempos». Estas palabras también describen diez años en la vida de Noemí.

Los mejores tiempos. A causa de una gran hambruna, Noemí y su familia —su esposo, Elimelec, y sus dos hijos, Mahlón y Quelión— salieron de Belén, su pueblo natal y se establecieron en Moab, donde había alimento. Sí, los tiempos allí fueron buenos. La familia festejó y prosperó. ¡Ah! Y Noemí debe haber celebrado mucho cuando se casaron sus dos hijos. Cada uno conoció a su esposa en Moab. ¡Aquellos días fueron verdaderamente placenteros!

Los peores tiempos. Pero, entonces, sonó el toque de muerte. Primero murió el amado esposo de Noemí, y luego perdió a sus dos preciados hijos… tres golpes al corazón de esta esposa y mamá. ¿Cómo algo que había sido tan bueno se volvió tan amargo? Parecía como si Noemí estuviera sola en el mundo… excepto por las esposas de sus hijos.

¿Te has sentido alguna vez como Noemí? ¿Te has encontrado en lo que se supone que fuera un futuro ideal, experimentaste alegría y bendición temporales… y luego enfrentaste enormes pérdidas y dolor? Si tu respuesta es sí, Dios tiene dos firmes promesas para ti:

> «Porque yo sé muy bien los planes que tengo para ustedes —afirma el Señor—, planes de bienestar y no de calamidad, a fin de darles un futuro y una esperanza» (Jeremías 29:11, NVI).

> «Y sabemos que a los que aman a Dios, todas las cosas les ayudan a bien, esto es, a los que conforme a su propósito son llamados» (Romanos 8:28).

Si te aferras a Aquel que hizo estas promesas, caminarás por la senda de «un futuro y una esperanza».

_____

_____

_____

_____

_____

_____

_____

_____

_____

Noemí

Lecciones sobre la confianza

Salió, pues, del lugar donde había estado.
RUT 1:7

Cuando llegas a un lugar difícil en la vida, no es el momento de colapsarte, derrumbarte, desmoronarte o hacerte añicos. ¡Es tiempo de confiar en Dios!

El día que Noemí y su familia salieron de su hogar en Belén para ir a Moab, Noemí «[se fue] con las manos llenas». Pero les golpeó la tragedia. Su esposo y, después, sus dos hijos, murieron. Noemí quedó devastada. Cuando escuchó que la hambruna había terminado, decidió volver a su tierra natal. Pero era un viaje largo.

- Las nueras de Noemí, Orfa y Rut, emprendieron el viaje con ella.

- Noemí les rogó a estas dos jóvenes que regresaran a la casa de sus respectivos padres.

- Noemí se despidió de las dos mujeres con un beso.

- Orfa regresó a su casa.

- Rut escogió quedarse con Noemí.

Sin duda, la aflicción no era lo que Noemí había vislumbrado para su vida, pero estaba aprendiendo a confiar en que Dios obraría en su vida por medio de personas, sucesos y circunstancias:

- *Las personas.* Para lo que antes Noemí había dependido de su esposo y sus hijos, ahora dependería de una nuera joven y viuda.

- *Los sucesos.* Sin duda, Noemí no escogió que murieran su esposo y sus hijos. No obstante, ahora necesitaba confiar en que Dios obraría a través de sus muertes.

- *Las circunstancias.* Noemí nunca habría imaginado que regresaría a su hogar sin su esposo o sus hijos. Ahora tendría que confiar en Dios.

_____

_____

_____

_____

_____

_____

_____

_____

_____

_____

_____

_____

_____

_____

_____

Rut

La providencia y provisión de Dios

*Y dio la casualidad de que el campo…
pertenecía a Booz.*

RUT 2:3, NVI

*B*elén fue el lugar.

La comida fue la necesidad urgente.

Un campo de trigo fue el escenario.

Rut fue la mujer.

Nada ocurre en la vida de los hijos y las hijas de Dios que sea casualidad o coincidencia. Todo se debe solamente a la inmensa soberanía del Dios todopoderoso que cuida a sus hijos y dirige sus pasos, algunas veces de forma obvia y en otras no.

En la nueva patria de Rut, la nuera de la viuda Noemí, se aventuró a recoger espigas en el campo. Salió sin guía, sin acompañante… sola, excepto por Dios, que dirigió sus pasos a un campo en particular, cuyo dueño era un pariente en particular, ¡que más adelante se convertiría en su esposo! Mientras estudias la vida de Rut, considera esta cita:

> Dios ordena sabiamente lo que a nosotros nos parecen hechos pequeños; y los que se ven totalmente… [condicionales], también

son dirigidos a servir su gloria y el bien de su pueblo. Muchos acontecimientos importantes se producen a causa de un pequeño giro, que nos pareció... [fortuito o accidental], pero que fue dirigido por los planes de la Providencia.[13]

¿Estás buscando la mano de Dios en todos los acontecimientos, las coincidencias, las casualidades, la suerte y los imprevistos de tu vida? Si crees en un Dios soberano, si crees en su tierna providencia, sabes que todo lo que toca tu vida es porque Él está obrando. Por lo tanto...

- busca la mano de Dios.

- cree en las obras de Dios en tu vida en todo lo que enfrentas y experimentas.

- confía en que Dios dispone todas las cosas, aun la «casualidad», para tu bien (Romanos 8:28).

_____

_____

_____

_____

_____

_____

_____

_____

_____

_____

Protegida bajo las alas de Dios

Bajo cuyas alas has venido a refugiarte.
RUT 2:12

En el libro de Rut hay un par de «himnos» muy efusivos.

El himno de Rut. Aunque fue criada en Moab, una nación pagana, Rut confió en el Dios de Israel. En su declaración llena de fe a Noemí, las palabras de devoción de Rut se leen como un cántico:

> Dondequiera que tú fueres, iré yo,
> y dondequiera que vivieres, viviré.
> Tu pueblo será mi pueblo,
> y tu Dios mi Dios.
> Donde tú murieres, moriré yo,
> y allí seré sepultada.

El himno de Booz. Booz era un devoto seguidor de Dios, un terrateniente y un pariente lejano de Noemí. Después de conocer a Rut, él la bendijo y la alentó con una hermosa melodía de palabras:

> Jehová recompense tu obra,
> y tu remuneración sea cumplida
> de parte de Jehová Dios de Israel,
> bajo cuyas alas has venido a refugiarte.

Tal vez Booz vio a la Rut que estaba pasando dificultades —una mujer que había llegado a su campo de cebada y que trabajó diligentemente para recoger comida para ella y para su suegra viuda— como a un ave frágil. Salmos 36:7 nos presenta a Dios como un ave madre que refugia a sus polluelos bajo sus alas. ¡Qué tierna metáfora usó Booz para bendecir a Rut por su extraordinaria esperanza y fe en Dios!

¿Estás confiando en Dios... y solo en Dios en tu vida y dificultades cotidianas? Puedes depender completamente de Aquel que provee para los suyos. Tu Padre celestial es responsable de tu protección. Tu responsabilidad es confiar en Él.

Un destello de comprensión

Jehová… no ha rehusado a los vivos la benevolencia.

RUT 2:20

ué harías si…

- fueras viuda,

- tus hijos hubieran muerto,

- tu nuera fuera tu única compañía,

- necesitaras alimento?

Este era el dilema de Noemí. Como era muy anciana para trabajar, Noemí dependía de Rut para cubrir sus necesidades esenciales para vivir.

La ley de Moisés estipulaba que las espigas que se les cayeran a los segadores mientras juntaban la cosecha podían ser recogidas por los pobres. Esta ley estaba hecha a la medida para mujeres en la situación de Noemí y de Rut. Así que Rut iba diariamente a recoger cebada. Un día, «dio la casualidad» —¡por diseño soberano de Dios!— que llegó al campo de un pariente lejano de Noemí llamado Booz. Booz se fijó en ella y preguntó sobre ella. Luego, se presentó y bendijo a Rut por haber encontrado refugio bajo las alas del Señor. Booz le ofreció a Rut beneficios adicionales cuando estuviera recogiendo espigas en sus campos. También le dio comida, grano y protección adicionales.

Cuando Rut le contó a Noemí sobre la bondad de Booz, la esperanza y la alegría se abrieron paso a través de la cubierta dura y amarga que revestía el corazón de Noemí, que en otros tiempos había sido feliz. «Sea él bendito de Jehová, pues que no ha rehusado a los vivos la benevolencia que tuvo para con los que han muerto». En el frío corazón de Noemí apareció un destello de comprensión sobre la bondad inmutable de Dios y su misericordia.

El trato bondadoso de Dios ofrece por lo menos dos mensajes:

- Busca la bondad que el Señor te ha ofrecido a través de las buenas obras de otros.

- Ofrece la bondad del Señor a otros a través de tus buenas obras.

_____

_____

_____

_____

_____

_____

_____

_____

_____

El deleite de las generaciones

Y tomando Noemí el hijo, lo puso en su regazo, y fue su aya.

Rut 4:16

*D*urante su vida, Noemí viajó desde la cima de una existencia plena y feliz, hasta el oscuro y profundo valle de la angustia… desde la dicha de estar casada y vivir cerca de su familia y amistades, hasta el abismo de mudarse a Moab, perder a su esposo, perder a sus dos hijos y regresar a Belén con una de sus nueras. Sin embargo, Dios no dejó a Noemí en su valle de desesperación. Él no la dejó desesperanzada y vacía. Dios la bendijo con un nieto, y ¡Noemí redescubrió la felicidad al recibir el afecto de un nietecito encantador!

El pequeño Obed fue el primer nieto de Noemí. Habían pasado décadas desde la última vez que había tenido a un bebé en los brazos. ¿Qué significó este bebé para ella?

- La preservación del legado de su esposo.

- Un «hijo» para amar, después de perder a sus propios hijos.

- Un niño que podía cuidar y la oportunidad de servir como nodriza.

- Un descendiente que ayudaría a cuidar de ella en su vejez.

- El «restaurador de [su] alma» y una esperanza para el futuro.

¡Ser abuela es un gran privilegio! Y también nos presenta nuevas oportunidades, bastantes desafíos y un sinnúmero de responsabilidades. He aquí algunos consejos para ayudarte a honrar el título de «abuela»:

- Sé ejemplo de una vida piadosa.

- No olvides las ocasiones importantes.

- Ama siempre a los padres de tus nietos, pase lo que pase.

- Nunca muestres favoritismo.

- Desarrolla una relación personal con cada uno de tus nietos.

Y, si todavía no eres abuela, ¡entonces ora por la tuya!

Tesoro precioso

Estas son las generaciones de… Booz.
RUT 4:18, 21

*P*roverbios 12:4 declara: «La mujer virtuosa es corona de su marido». Y la viuda Rut fue tal mujer. Después de la muerte de su primer esposo, ella se casó con Booz, un hombre de carácter piadoso. La unión de esta noble pareja creó un linaje que se extendió a través del tiempo y por la eternidad. Toma unos momentos para admirar estas joyas en los descendientes de Rut y Booz.

«Booz engendró a Obed». Como indicó un erudito bíblico: «Mediante el nacimiento de Obed… Dios tejió el hilo de su vida [la de Rut] aun más intrincada en la red de la historia de su pueblo… Rut se convirtió en la línea escogida de la cual más tarde vino el Salvador del mundo».[14]

«Obed engendró a Isaí». Tal como había profetizado Isaías: «Saldrá una vara del tronco de Isaí, y un vástago retoñará de sus raíces» (Isaías 11:1). Esa vara y ese vástago era el Señor Jesucristo.

«Isaí engendró a David». La esperanza de un rey y un reino mesiánico se cumplió en Cristo a través del linaje

de David, su padre Isaí y su abuelo Obed, que nació de Booz y Rut.

«Jesucristo». El árbol genealógico o el «libro de la genealogía de Jesucristo, hijo de David» incluye a Booz, Obed, Isaí y David (Mateo 1:1, 5-6).

Si tienes hijos o nietos, ¡eres bendecida! Ellos y ellas son tesoros y estrellas preciosos en tu corona. Ora fervientemente por ellos. Anímales en el Señor con todas tus fuerzas. Asegúrate de que sepan muchísimo sobre Jesús. Apoya con entusiasmo su crecimiento espiritual.

_____

_____

_____

_____

_____

_____

_____

_____

_____

_____

_____

_____

_____

_____

_____

_____

Entrega el dolor al Sanador

Tenía él dos mujeres; el nombre de una era Ana.

1 SAMUEL 1:2

A menudo, las niñas sueñan con casarse algún día. Quizás hasta pasen años imaginándose y planificando el día de la boda, la luna de miel y el matrimonio perfectos. De hecho, las que compran la mayoría de las revistas y los libros de bodas son jóvenes que ni siquiera están comprometidas ni tienen novio. Estas chicas simplemente están fantaseando sobre su futuro.

Si, cuando joven, Ana soñaba con el matrimonio perfecto, a la larga sus sueños se encontraron con una dura realidad. Ella sí se casó, el nombre de su esposo era Elcana, un levita de una de las familias sacerdotales más distinguidas. Tal vez el esposo de Ana haya sido un hombre excelente, pero hay algunos datos no-tan-maravillosos acerca del matrimonio de Ana con él. Estos oscuros hilos de dolor se entretejieron a lo largo de toda la vida de Ana.

Ana compartía a su esposo. El esposo de Ana tenía dos esposas al mismo tiempo. (Sí, era legal en aquel entonces.) El nombre de Ana aparece primero, lo que indicaba probablemente que era la primera esposa de Elcana.

Ana no tenía hijos. La Biblia indica simplemente: «el Se-ñor la había hecho estéril» (NVI). Ana no recibió la ben-dición de tener hijos. En lugar de escuchar las risas y los sonidos de unos niños activos, tal vez en la casa de Ana se escuchaba el eco de sollozos ahogados.

La otra esposa atormentaba a Ana. Los insultos se aña-dían a la herida de Ana. Penina, la segunda esposa de Elcana y la rival de Ana, «la irritaba, enojándola y entris-teciéndola».

Reúne todos los oscuros hilos de dolor en tu vida y colócalos en las sabias y maravillosas manos de Dios. Él los usará para transformar tu vida en una obra maestra y en un testimonio hermoso para su gloria.

_____

_____

_____

_____

_____

_____

_____

_____

_____

_____

_____

_____

Ana

Hilos de gracia resplandecientes

Yo soy una mujer atribulada de espíritu.
1 SAMUEL 1:15

$\mathcal{E}$n su dolor —el dolor de la esterilidad y el dolor del tormento cruel y despiadado— Ana acudió a Dios. En la casa del Señor —llorando con angustia y amargura de alma—, Ana oró y clamó al Señor con todo su corazón, en lugar de atacar con su boca. Ana nunca había sentido tal agonía. Nunca había orado con tanta pasión. Nunca le había hecho a Dios un voto tan serio.

Mientras Ana derramaba su corazón, el sacerdote Elí la observaba moviendo sus labios debido a que expresaba sus ruegos a Dios en voz baja. Él concluyó que Ana estaba borracha y la reprendió: «¿Hasta cuándo estarás ebria? Digiere tu vino».

¿Y cuál fue la respuesta de Ana? ¿Le dijo «¡Es que no entiendes!» o «Espera un momento, eso no es cierto»? Aunque la habían malentendido y acusado falsamente, ella respondió cortésmente. Los delicados hilos de la gracia habían sido entretejidos en su vida y estaban resplandeciendo a pesar de sus circunstancias difíciles.

Ana no discutió ni se puso a la defensiva. Ella le explicó tranquilamente: «Yo soy una mujer atribulada de espíritu». Ella conocía y vivía la verdad de Proverbios 31:26: «Abre su boca con sabiduría, y la ley de clemencia está en su lengua». Ana seguía la sabiduría divina para la comunicación...

- Habla con sabiduría y clemencia (Proverbios 31:26).
- Piensa antes de responder (15:28).
- Aprende a hablar con calma (15:1).
- Añade dulzura a tus palabras (16:21).
- Sé instructiva cuando hablas (16:23).
- Refrena tu lengua (10:19).

¿Y cómo respondió Elí a la cortesía en las palabras de Ana? Le dio su bendición sacerdotal.

_____

_____

_____

_____

_____

_____

_____

_____

_____

_____

_____

_____

_____

Hilos de la fe

No estuvo más triste.
1 SAMUEL 1:18

or fin, el suplicio de Ana había terminado. La esperanza resplandecía en el horizonte. Sus pruebas habían sido muchas... e intensas. Había compartido a su esposo con otra mujer. Había enfrentado la angustia de su esterilidad. Había soportado el tormento de la otra esposa. El sacerdote del templo la había malentendido.

Sin embargo, cuando Ana le explicó el motivo de su oración a Elí, de pronto descubrió que la alegría había desplazado su miseria. ¿Qué provocó este cambio radical? En 1 Samuel 1:17 leemos que Elí respondió a su explicación cortés dándole una bendición con promesa: «Ve en paz, y el Dios de Israel te otorgue la petición que le has hecho». Un hilo de un nuevo color fue entretejido en la historia de la vida de Ana. Tal vez el color azul, para acentuar su fe, se había extendido hasta el cielo y la había conectado con su Padre celestial. Ana puso su confianza en Dios y en la bendición inspirada por Dios que pronunció Elí.

En realidad, nada había cambiado en sus circunstancias. Todavía vivía en una casa con dos esposas, todavía no tenía hijos y, sin duda, Penina la seguía atormentando. Pero, por fe, Ana creyó en Dios y encontró alegría en la promesa de que su petición sería concedida. Después de que Elí pronunció su bendición, esta mujer que ayunó, lloró y oró con angustia y amargura, «se fue… por su camino, y comió, y no estuvo más triste». Ana no tenía hijos —¡ni siquiera estaba embarazada todavía!— pero creyó que tendría un hijo algún día.

¿Se están entretejiendo los hilos de la fe en Dios en tu existencia cotidiana? ¿Se manifiesta tu fe en los sucesos comunes y corrientes de tu vida? La fe es creer lo que Dios dice que va a hacer. Confía en Él aunque parezca que tu situación no está mejorando. ¡Dios está obrando!

78 Ana

El resplandor de la alegría

Después de haber concebido Ana, dio a luz un hijo.

1 SAMUEL 1:20

La alegría resplandece más en la persona que ha vivido la vida más oscura. En el tapiz de la vida de Ana, una sierva de Dios, había muchos hilos de colores oscuros y tristes. Y, de pronto, ¡un toque de resplandor! Un nuevo color apareció… hilos exuberantes de esperanza y alegría. ¡Y fue un parche bastante grande!

Ana sabía lo que eran tiempos oscuros. Tuvo problemas maritales porque su esposo, Elcana, dividía su tiempo entre ella y otra esposa. Tuvo dificultades personales pues por años y años no pudo tener hijos. Tuvo problemas interpersonales pues Penina, la otra esposa que le había dado a Elcana varios hijos y varias hijas, se mofaba y la atormentaba implacablemente. Y tuvo un problema público cuando el sacerdote del templo la reprendió porque supuestamente estaba borracha mientras oraba desde lo profundo de su corazón.

Pero ¡finalmente la alegría apareció en escena! Ana recibió la bendición del sacerdote y después concibió y tuvo un varoncito. Ella nunca olvidaría quién le había concedido a su preciado bebé. Dios, el Creador de la vida, escuchó sus oraciones y le contestó con el regalo de un hijo. Ana lo llamó Samuel, que significa «nombre de Dios» y «pedido a Dios», diciendo: «Al Señor se lo pedí» (NVI).

Igual que Ana, puedes humillarte ante Dios y otros, y derramar tu alma delante de Él, quien ve en secreto. Independientemente de tus circunstancias, puedes agradecer al Señor por su bondad y su misericordia. El salmista nos llama a «[bendecir]... a Jehová, y no [olvidar] ninguno de sus beneficios» (Salmos 130:2). Entonces, alégrate siempre en el Señor (Filipenses 4:4). Alégrate en el perdón, la redención y la relación con Dios que Cristo hizo posible en la cruz, a través de su muerte y resurrección. Permite que estas verdades produzcan hilos resplandecientes de alegría que alumbren tu oscuridad.

79 Ana

El color del sacrificio

Yo… lo dedico también a Jehová.
1 SAMUEL 1:28

Ana —que fue estéril por mucho tiempo— amó de todo corazón a su niñito y nunca olvidó que Dios se lo había concedido. Ni tampoco olvidó su promesa de dedicarlo al Señor para una vida de servicio. Ella cumplió su voto y crio con mucho amor a su pequeño Samuel para el Señor. Y finalmente llegó el día trascendental cuando Samuel sería llevado al templo para servir a Dios.

Mientras Ana y su esposo se dirigían a la casa del Señor con su preciado hijo y el sacrificio requerido, Ana sabía que este día exigiría el regalo más personal de todos. Le estaba entregando a Dios su mejor y más preciada posesión: su Samuel.

Mientras visualizas a esta familia caminando hacia Silo, imagina los hilos de color rojo intenso añadidos al tapiz de la vida de Ana. El rojo parece ser el color más apropiado para representar el sacrificio.

¿Qué puedes entregarle a Dios que revele tu amor?

- ¿Tus hijos? Dios entregó a su único Hijo por ti (Juan 3:16). ¿Le has entregado tus hijos a Él para que les use de cualquier manera y en cualquier lugar?

- ¿Obediencia? «¿Qué le agrada más al Señor: que se le ofrezcan holocaustos y sacrificios, o que se obedezca lo que él dice? El obedecer vale más que el sacrificio» (1 Samuel 15:22, NVI). ¿A qué obediencia te está llamando Dios?

- ¿Tiempo? Cada momento es valioso para Dios.

- ¿Dinero? Al colocar su plata sobre el altar, el rey David reveló su corazón: «No ofreceré a Jehová mi Dios holocaustos que no me cuesten nada» (2 Samuel 24:24). Los regalos de amor cuestan.

Cuando de Dios se trata, no te aferres demasiado a nada. «Todo» incluye tus mejores, más valiosos y preciados tesoros.

Ana

Un dinámico tapiz de esperanza

*Ana… concibió, y dio a luz tres hijos y
dos hijas.*

1 Samuel 2:21

Ana experimentó una gran pérdida cuando dejó a Samuel, a muy temprana edad, en la casa del Señor. Después de esto, ella vería o interactuaría con él en contadas ocasiones. Sin embargo, después de cumplir su voto a Dios, «visitó Jehová a Ana, y ella concibió, y dio a luz tres hijos y dos hijas». Cinco hijos más llenaron el hogar de Ana después de que Samuel se fue. La semilla del sacrificio de Ana germinó y dio mucho fruto. La fe de Ana creció, su familia creció, su amor creció, su alegría creció y su influencia creció mientras criaba a sus otros cinco hijos y Dios usaba a Samuel poderosamente.

¿Puedes ver los hilos de color verde intenso del crecimiento espiritual entretejiéndose en la vida de Ana? ¿Qué puedes aprender de su vida para que la tuya se vuelva más intensa y fuerte?

- Ana conocía de primera mano la angustia que acompaña a la esterilidad. ¿Eres solidaria y sensible con las mujeres que no tienen hijos?

- Ana llevó sus problemas ante Dios. ¿Le cuentas a Él tus problemas… o solo a tus amigas?

- Ana se comunicaba fielmente con el Señor. ¿Has descubierto el valor de la oración poderosa y eficaz (Santiago 5:16)?

- Ana descubrió que los hijos son regalos del Señor. ¿Cómo afecta a tu manera de criarlos el ver a tus hijos como regalos que Dios te hace (Salmos 127:3)?

- Ana entendió lo importante que es instruir a los hijos para Dios. ¿Estás instruyendo diligentemente a tus hijos —a los que tienes en calidad de préstamo— para el servicio en su reino?

_____

_____

_____

_____

_____

_____

_____

_____

_____

_____

_____

_____

_____

_____

Sabiduría y fortaleza para el camino

Abigail

La solidez de un diamante

Abigail… [era una] mujer de buen entendimiento.

1 SAMUEL 25:3

*A*bigail. Marca bien el nombre de esta mujer. Su nombre significa «fuente de gozo», y adquirirás excelentes perspectivas mientras descubres diamantes relucientes formados del polvo —joyas de virtud piadosa— extraídas de la adversidad que plagó la existencia cotidiana de Abigail.

Había muy poca felicidad en el terreno de la vida de Abigail. Su matrimonio parece haber carecido de amor y de hijos. Su esposo era un necio, «era duro y de malas obras», un «perverso» y un borracho.

No obstante, la primera cualidad deslumbrante como diamante que encontramos en el polvo de la vida de Abigail es la fidelidad. La vemos en su lealtad, su integridad, su perseverancia y su fiabilidad. Esto es evidente en su fidelidad a la Palabra de Dios y a las personas en su vida. La Biblia instruye a las mujeres de Dios a edificar sus hogares y a cuidar de sus familias (Proverbios 14:1; 31:27) y Abigail cumplió con ambas.

Cuando su esposo se negó neciamente a ser amable con David, el poderoso guerrero, Abigail actuó de inmediato con sabiduría para calmar al enojado guerrero y salvar las vidas de su esposo, sus criados y de ella misma. El destello del diamante de la fidelidad de Abigail relució. Aun en su problemática situación, ella fue fiel a su esposo, a su familia, a su tarea en el hogar y a Dios.

¿Acaso tu vida parece estar enterrada bajo muchas capas de polvo y tierra? Permite que tu confianza en Dios —independientemente de tus circunstancias— brille con intensidad, mientras permaneces «[fiel] en todo» (1 Timoteo 3:11). Nunca subestimes el brillo y la belleza de la fidelidad ante los ojos de Dios. A fin de cuentas, a Él le preocupa más que seas fiel a sus mandatos que el que seas exitosa a los ojos del mundo. Las personas a tu alrededor notarán tu confianza en Dios y se sentirán atraídos hacia Él.

Una mujer de sabiduría

Sin perder tiempo, Abigaíl...
1 Samuel 25:18, nvi

«¿Cómo pudo hacer algo así? ¿Cómo es posible que mi esposo le haya dicho "no" al poderoso David?». Quizás la fiel Abigail pensó esto. Ella descubrió por medio de sus criados —que tampoco podían creer lo que Nabal había hecho— que su familia corría peligro. Los hombres de David necesitaban comida, así que él envió a sus mensajeros donde el rico Nabal. Los hombres de David trataron a los criados con respeto, cuando les pidieron alimentos. Pero Nabal, cuyo nombre significa «insensato», ¡los rechazó!

Como David y sus hombres protegían a los pastores y los rebaños de Nabal, este debió haber enviado gustosamente las provisiones. Ahora David estaba enojado y, como ya había matado a decenas de miles de personas, lo mejor era mantenerse en buena relación con él (1 Samuel 21:11).

Es posible que Abigail haya orado: «¿Qué hago, Señor?». Y Dios le dio sabiduría. Con la ayuda de sus criados, le envió inmediatamente a David la comida que había pedido y mucho más. Luego, Abigail se acercó a David con actitud humilde y se postró delante de él. Después de ofrecerle la comida y la bebida, le suplicó misericordia y le pidió a David que perdonara a su necio esposo y a su familia.

Cuando enfrentes una crisis, sé sabia y actúa:

- *Conoce al Señor.* «El conocimiento del Santísimo es la inteligencia» (Proverbios 9:10).

- *Teme al Señor.* «El temor de Jehová es el principio de la sabiduría» (Proverbios 9:10).

- *Reconoce al Señor.* «Reconócelo en todos tus caminos, y él enderezará tus veredas» (Proverbios 3:6).

- *Pide al Señor.* «Si a alguno de ustedes le falta sabiduría, pídasela a Dios, y él se la dará» (Santiago 1:5, NVI).

Sé una mujer sabia. Pídele dirección a Dios… *¡antes* de actuar!

_____

_____

_____

_____

_____

_____

_____

_____

_____

_____

Abigail

Un tiempo para hablar

Y se echó a sus pies.

1 SAMUEL 25:24

Medita en este principio paradójico de Proverbios 25:15: «Las palabras suaves pueden quebrar los huesos» (NTV). Abigail, una mujer con belleza y cerebro, estaba en medio de una confrontación entre dos hombres poderosos: su esposo y el afamado guerrero David. Cuando David necesitó comida para sus hombres, Nabal se negó neciamente a proveérsela. Y David, neciamente, decidió matar a Nabal y destruir todo lo que le pertenecía.

Si alguna vez hubo un momento para hablar palabras suaves que pudieran quebrantar los huesos fuertes (¡y las voluntades fuertes!), era este. Al acercarse a David, Abigail le habló con amabilidad, respeto e inteligencia. Ella apeló a la monarquía futura de David; un propósito más elevado que la venganza. Sin embargo, Abigail esperó sabiamente para hablar con Nabal porque «estaba completamente ebrio». Él no habría entendido lo que estaba ocurriendo ni lo cerca que había estado de morir.

La discreción de Abigail salvó la situación. Pudo haber perdido todo, incluso las vidas de sus criados inocentes. Ella actuó rápida y cuidadosamente. Con los dos hombres, Abigail exhibió buen juicio en su selección de palabras, en su conducta y al escoger el momento oportuno. Sus palabras amables fueron eficaces, y quebraron la férrea voluntad del enojado David.

¿Cómo puedes mejorar en tu discreción?

- *Valora la discreción*: entiende lo importante que es en las relaciones humanas.

- *Desea la discreción*: una marca del sabio es el deseo por atributos piadosos.

- *Aprende sobre la discreción*: estudia la discreción de la sabia Abigail.

- *Usa la discreción*: pídele al Espíritu Santo que te ayude a actuar con moderación y a calmar tus emociones.

- *Ora por discreción*: pídele al Señor que te dé esta valiosa cualidad.

Perdonada y restaurada

Ella le dio a luz un hijo.

2 SAMUEL 12:24

¡*P*erdón! El sonido de esta reconfortante palabra trae alegría al corazón de cada pecador arrepentido. ¡Cuánto nos regocijamos de que nuestro Dios amoroso y misericordioso haya declarado: «perdonaré la maldad de ellos, y no me acordaré más de su pecado»!

Pensemos por un momento en Betsabé, la esposa de Urías. Los datos iniciales sobre su vida apenas tienen destellos de santidad. De hecho, Betsabé es mejor conocida como la mujer que adulteró con el rey David. Este pecado tuvo como consecuencia su embarazo, el asesinato de su esposo y la muerte de su bebé recién nacido.

Sin embargo, igual que el sol después de la lluvia, el perdón redentor de Dios resplandeció brillante y cálido una vez que el nuevo esposo de Betsabé reconoció su pecado. Escucha las palabras que fluyeron del corazón penitente de David:

> Yo reconozco mis transgresiones… Crea en mí, oh Dios, un corazón limpio… Devuélveme la alegría de tu salvación (Salmos 51:3, 10, 12, NVI).

Después de la restauración de David a una relación apropiada con Dios, Betsabé disfrutó de la bondad del Señor. Pronto, Dios la bendijo con otro bebé, al que llamó Salomón, que significa «amado de Jehová». Dios escogió a Salomón para ser rey de Israel y su nombre aparece en la genealogía de Jesucristo (Mateo 1).

El pecado mancha y empaña la vida de todo el mundo. No obstante, tú también puedes disfrutar de la promesa y la realidad del perdón de Dios. Como escribió un erudito: «Cuando seguimos pensando en pecados de los que Dios ha dicho que no se acordará más, estamos en realidad dudando de su misericordia, y nos privamos a nosotros mismos de poder y progreso espiritual».[15] Ningún pecado debería arruinar toda una vida. En cambio, reconoce tus transgresiones delante de Dios, recibe su limpieza y perdón, y, con alegría por la salvación que tienes por medio de Jesucristo, vive un futuro prometedor.

Betsabé

El tiempo apropiado para hablar

Betsabé entró a la cámara del rey.
1 REYES 1:15

En las Escrituras hay un hermoso versículo que nos invita a adornar nuestros corazones con «el incorruptible ornato de un espíritu afable y apacible» (1 Pedro 3:4). ¿Quiere esto decir que no debemos opinar sobre algunos asuntos? En Betsabé, que era esposa y madre, vemos que hay «tiempo de callar, y tiempo de hablar» (Eclesiastés 3:7). Ella actuó con discernimiento, según los cinco principios que indican el tiempo para hablar:

- *Busca el momento apropiado.* David le prometió a Betsabé que el hijo de ambos, Salomón, reinaría después de él. Sin embargo, David se estaba muriendo, no había nombrado un sucesor ni sabía que estaban planificando usurpar su trono. Era tiempo de hablar.

- *Escoge el asunto apropiado.* Si el reinado de David iba a continuar a través de Salomón, David tenía que actuar inmediatamente. La sucesión al trono era el tema de conversación apropiado.

- *Actúa según el motivo apropiado.* Dios había designado a Salomón como el hombre que construiría el templo del Señor en lugar de David (1 Crónicas 22:9-10). ¿Cómo ocurriría esto si Salomón no estaba en el trono? Este asunto importantísimo lo cualificaba como un motivo de conversación apropiado.

- *Presta atención al consejo apropiado.* Natán, el profeta de Dios, abordó a Betsabé y le aconsejó que hablara, y le dijo lo que debía decir. El consejo de este hombre piadoso era el apropiado.

- *Habla en la forma apropiada.* Betsabé se inclinó respetuosamente y le hizo reverencia a su esposo. También esperó hasta que él le preguntó lo que quería. La humildad y el respeto eran la forma apropiada.

Estos principios son buenos para ti también. Síguelos la próxima vez que tengas que ocuparte de algún asunto.

La reina de Sabá

En busca de sabiduría

La reina de Sabá… vino a probarle [a Salomón].

1 REYES 10:1

E n el siglo VI a.C., las noticias viajaban despacio y muy lentamente… tan lento como el caminar de la gente, el deambular de los camellos y el arrastrar de patas de los asnos. Poco a poco, la fama de Salomón —el rey sabio que servía a un Dios poderoso— llegó a Sabá, que estaba a más de 2400 kilómetros al sur de Jerusalén. Sentada en su palacio, la reina de Sabá debe haber meditado en varios de los informes que había recibido. Con toda seguridad, no podía existir alguien tan sabio ni un dios tan extraordinario. Pero ¿y si…?

La reina decidió comprobarlo por sí misma.

El viaje a Jerusalén era largo y costoso. Los eruditos estiman que mover a los soldados, los regalos, los animales, los suministros y los criados, a razón de 32 kilómetros por día, debió haber tomado 75 días. Pero ningún esfuerzo es demasiado grande ni hay precio demasiado alto para conseguir verdadera sabiduría. Con curiosidad sobre Salomón, un espíritu dispuesto y un hambre de sabiduría profunda, esta reina partió hacia Israel.

¿Qué iniciativa estás dispuesta a tomar para obtener sabiduría? Podrías pasar cinco minutos todos los días leyendo un capítulo de Proverbios, el libro de la sabiduría en la Biblia. Podrías asistir a alguna clase, conferencia o seminario impartido por personas sabias y devotas. Podrías reservar tiempo en tu agenda para buscar los consejos de alguna mentora que reconozcas por su sabiduría.

Vivimos en una sociedad de servicio rápido y gratificación al instante. Queremos todo sin esfuerzo... ¡y lo queremos ahora! Sin embargo, en el ejemplo de esta reina famosa, vemos una disposición para buscar y sacrificar, para dar lo que fuera necesario para encontrar las respuestas a las preguntas de la vida. ¿Por qué no seguir su ejemplo? Busca hoy una preciosa perla de sabiduría... y luego otra mañana... y luego otra al día siguiente. La sabiduría es un adorno de gracia para el alma.

_____

_____

_____

_____

_____

_____

_____

_____

_____

_____

_____

_____

_____

El sendero a la sabiduría

El rey Salomón dio a la reina de Sabá
todo lo que ella quiso, y todo lo que pidió.
1 REYES 10:13

*L*a reina de Sabá es realmente digna de admiración. Jesús mismo elogió a esta extraordinaria «reina del Sur». ¿Por qué? Porque cuando oyó de Salomón y de su Dios, esta mujer decidió buscar sabiduría. Como indicó un erudito, la reina de Sabá anduvo el sendero de la sabiduría al seguir estos siete pasos:

Paso #1: ella oyó... sus oídos estaban abiertos (Proverbios 20:12).

Paso #2: no escatimó ningún esfuerzo ni gasto.

Paso #3: buscó y conversó con el hombre más sabio de su tiempo.

Paso #4: ella vio... sus ojos estaba abiertos (Proverbios 20:12).

Paso #5: ella dijo: «Jehová tu Dios sea bendito».

Paso #6: ella dio en gratitud por una sabiduría de incalculable valor.

Paso #7: regresó a su país llena del conocimiento de Dios.[16]

Como alguien que desea sabiduría, sigue hoy estos pasos… y por el resto de tu vida:

- Pídele sabiduría a Dios. «Si a alguno de ustedes le falta sabiduría, pídasela a Dios, y él se la dará» (Santiago 1:5, NVI).

- Crece «en la gracia y el conocimiento de nuestro Señor y Salvador Jesucristo» (2 Pedro 3:18).

- Desea «la leche pura de la palabra… Así, por medio de ella, crecerán en su salvación» (1 Pedro 2:2, NVI).

- Busca «las cosas de arriba, donde está Cristo» (Colosenses 3:1).

- Pon «la mira en las cosas de arriba, no en las de la tierra» (Colosenses 3:2).

Dios honrará tus esfuerzos y te bendecirá.

Medida de fe

Ahora sé… que lo que sale de tu boca es realmente la palabra del Señor.

1 Reyes 17:24, NVI

¿Te has sentado en una playa y has disfrutado el ritmo de las olas cuando rompen en la arena? Mientras una ola grande se levanta y toma su forma elíptica, la siguiente cresta blanca ya se está formando con una pausa muy breve entre ellas. Mantén esta imagen en tu mente al recordar a la viuda de Sarepta y cómo su historia se relaciona con la tuya. Verás, tu vida también tiene un ritmo… el ritmo de los problemas y la confianza. Cuando llegan las pruebas de la vida, tienes la oportunidad de confiar en el Señor una vez más.

La viuda de Sarepta confió en Dios en una prueba que amenazaba la vida de su pequeña familia. Cuando apenas le quedaba suficiente harina para una última cena antes de morir por inanición, esta querida mujer usó ese poquito de harina —y su poquito de fe— para prepararle una torta de pan a Elías, el profeta de Dios. Solo entonces pudo cocinar una para ella y su hijo. En honor a su fe, Dios abrió las ventanas de los cielos y alimentó a la viuda, a su hijo y a Elías… ¡por tres años!

Sin embargo, llegó otra prueba. El hijo de la viuda (su único hijo) murió. Cuando esta ola se estrelló sobre su precaria vida, esta mujer desesperada acudió a su fe y confió en que Dios la ayudaría otra vez. Ella fue donde Elías, y él resucitó al niño. El corazón de la viuda fue revelado cuando ella declaró: «Ahora sé... que lo que sale de tu boca es realmente la palabra del Señor».

Los problemas nunca acaban. Llegan con la misma certeza que la marea continúa incesantemente, día tras día. Esa es la naturaleza de este mundo en que vivimos. ¿Qué estás enfrentando hoy que puedes entregarle a Dios? Recuerda, la misericordia y la compasión de Dios son nuevas cada mañana. Cuando lleguen los problemas, recurre a Él con fe. Dios no te defraudará.

Ester

La belleza de ser útil

Y [el rey] la hizo reina.
ESTER 2:17

¿Qué se necesita para alcanzar la belleza de ser útil para Dios? Nos da una idea la vida de Ester, una heroína del Antiguo Testamento cuyo nombre significa «una estrella».

Antepasados. Ester era una judía de la tribu de Benjamín y fue llevada a Babilonia cuando su pueblo estaba en cautiverio, alrededor del 600 a.C.

> ¿Qué sabes acerca de lo que tus antepasados defendieron, creyeron, soportaron, o por lo que pelearon?

Antecedentes familiares. Los padres de Ester murieron cuando ella era joven, pero un tío fiel y amoroso la crio como su hija.

> Si tienes padres «ausentes», reconoce a las personas que Dios ha provisto en su lugar.

Tutela. Ester fue educada por su tío Mardoqueo y por Hegai, un eunuco pagano en el palacio del rey Asuero.

Da gracias por la variedad de maestros que
Dios ha puesto en tu camino.

Ventaja. Ester había recibido los dones de la belleza
física, la sabiduría de Mardoqueo y el trato preferencial
de Hegai.

¿Qué circunstancias y oportunidades ha
usado Dios para prepararte para tu trabajo
en su reino?

Homenaje. Los antepasados, los antecedentes familiares
y la tutela de Ester le ganaron honor cuando la presentaron
como reina.

¡Piensa en el honor que tienes y en el que
recibirás en el cielo por ser una hija del Rey!

Da gracias a Dios por su presencia activa, transformadora y amorosa.

_____

_____

_____

_____

_____

_____

_____

_____

_____

_____

90

Ester

Siete pasos para la sabiduría

Dime qué deseas, reina Ester, y te lo concederé.

ESTER 7:2, NVI

La reina Ester se enteró de que Amán había recibido permiso para «exterminar a todos los judíos» (Ester 3:13). ¿Cómo persuadiría al rey para que protegiera a los judíos?

¡Qué hermoso cuadro de fuerza, sabiduría y paciencia! Ester nos muestra cómo abordar y persuadir eficazmente a otras personas:

Paso #1: *Detente.* Ester se detuvo antes de hacer el intento de manejar apropiadamente una situación incorrecta.

Paso #2: *Espera.* El tiempo es un bien preciado. Como Ester esperó, tuvo el tiempo para reunir los datos necesarios.

Paso #3: *Consulta.* Como Ester esperó, tuvo el tiempo para buscar consejos adicionales.

Paso #4: *Ora.* Como Ester esperó, tuvo el tiempo para ayunar y orar por sabiduría sobre cómo abordar al rey. Y también les pidió a los judíos que hicieran lo mismo en su favor.

Paso #5: *Decide.* El tiempo, los consejos y la oración impulsaron a Ester a escoger un plan y a proseguir adelante con la actitud triunfante «si perezco, que perezca».

Paso #6: *Actúa.* Antes de pedir lo que quería, Ester preparó una cena especial para el rey Asuero y Amán para evaluar el estado de ánimo del rey.

Paso #7: *Haz los ajustes necesarios.* Con discernimiento y sensibilidad a la situación, Ester esperó sabiamente y preparó una segunda cena antes de pedirle a su esposo que salvara a su pueblo.

Cuando enfrentes tu próximo reto, sigue los pasos de Ester para la sabiduría.

_____

_____

_____

_____

_____

_____

_____

_____

_____

_____

_____

_____

_____

_____

91

Ester

Una manera de hablar dulce, amable y persuasiva

Dime qué deseas, reina Ester, y te lo concederé.

ESTER 7:2, NVI

Cuando actúas con sabiduría y paciencia, la amabilidad puede, en efecto, lograr cosas difíciles. Debido a la conspiración para matar a todos los judíos, la reina Ester abordó a su esposo para interceder por ellos. ¿Cómo lo hizo?

Primero, fíjate en lo que Ester no hizo. En la historia de Ester no encontrarás coraje ni revuelo, violencia ni pánico, imprudencia ni reacción. Ester sabía que las emociones descontroladas no la ayudarían a evitar el desastre.

Ester usó una manera de hablar dulce —una lengua blanda— para volver el corazón de su esposo en contra del instigador del plan homicida. ¿Cuáles son algunas de las características en la «manera de hablar dulce» de Ester?

- *Palabras de respeto.* Ester se dirigió a su esposo con respeto: «Si place al rey», «si he hallado gracia en tus ojos», «haré conforme a lo que el rey ha mandado» (Ester 5:4; 7:3; 5:8).

- *Palabras de bienvenida.* Ester le extendió, con mucha dulzura, una invitación a cenar: «venga hoy al banquete que ofrezco en su honor» (5:4, NVI).

- *Palabras de precaución.* Ester sintió que no era el momento oportuno para presentar su petición, por lo que invitó al rey a otro banquete al día siguiente.

- *Palabras que fueron directas.* Ester pidió con valentía: «Séame dada mi vida por mi petición, y mi pueblo por mi demanda» (7:3).

- *Solo las palabras necesarias.* Las palabras de Ester fueron respetuosas, directas y sin intención de confrontación. Ella escogió cuidadosamente sus palabras y dijo solo lo necesario.

Es sabio prestar atención a tu manera de hablar. ¡Que el Señor te conceda la belleza de una manera de hablar dulce!

La mujer de Proverbios 31

Una mente y un cuerpo poderosos

Mujer virtuosa, ¿quién la hallará? Porque su estima sobrepasa largamente a la de las piedras preciosas.

PROVERBIOS 31:10

El uso de Dios de la palabra «virtuosa» en su descripción de una mujer piadosa tiene un doble significado. Y ambos aspectos comunican fortalezas positivas.

Una mente poderosa. «Virtuosa» se refiere a una mente fortalecida por principios y actitudes. Una mirada rápida a la mujer de Proverbios 31 nos revela cómo ella la usa:

- Se mantiene pura (v. 10).

- Su esposo confía en ella, y también las personas a su alrededor (v. 11).

- Es una mujer trabajadora (vv. 13, 15, 18).

- Siempre ahorrativa, ella provee para sus seres queridos (v. 14).

- Enfrenta la vida —y la muerte— con valor (v. 25).

- La compasión, la bondad y la sabiduría caracterizan su vida (vv. 20, 26).

- La santidad corona sus esfuerzos y honra al Señor en todo lo que hace (v. 30).

Un cuerpo poderoso. «Virtuosa» también describe la capacidad de esta mujer para poner en práctica lo que su mente poderosa desea:

- Trabaja gustosamente con sus manos (v. 13).

- Planta un viñedo (v. 16).

- Tiene sus dedos ocupadas en el hilado (v. 19).

- Trabaja hasta altas horas de la noche (vv. 15, 18).

- Sostiene al necesitado (v. 20).

- Cose la ropa de su familia (vv. 21-24).

- Nunca está ociosa, siempre está atenta y cuida de su hogar (v. 27).

Pídele a Dios que te ayude a fortalecer tu mente y tu cuerpo.

_____

_____

_____

_____

_____

_____

_____

_____

_____

Consejos para el manejo de tu tiempo

Se levanta aun de noche y da comida a su familia y ración a sus criadas.

PROVERBIOS 31:15

La administración eficaz del tiempo es un desafío. Hay seminarios a los que puedes asistir, sistemas y cuadernos para la gestión del tiempo que puedes comprar, artículos de revistas que proclaman tener las claves fundamentales para el éxito, y libros que ofrecen a las mujeres ocupadas como tú las herramientas para manejar las muchísimas responsabilidades que recaen sobre ti.

Pero la mejor ayuda para administrar el tiempo proviene de Dios. Él nos ofreció sus tres consejos prácticos para la gestión perfecta del tiempo. Los encontrarás en Proverbios 31, al observar a esta mujer recorrer exitosamente su ocupado día:

Paso #1: *Levantarse temprano.* El madrugar cada mañana le daba una oportunidad a la mujer de Proverbios 31 para aprovechar su día y atender su lista de tareas pendientes. Una de sus primeras tareas era encender el fuego para cocinar las comidas del día y mantener el calor de su hogar. Esas horas tempranas y en silencio también le permitían alimentar el fuego de su corazón y pasar tiempo a solas con Dios.

Paso #2: *Alimento para la familia*. Proveer el pan diario para su familia era otra razón importante para levantarse temprano. Al igual que tu familia, la familia de la mujer de Proverbios 31 dependía de ella para sus comidas.

Paso #3: *Un plan para el día*. Cuando la Biblia dice que esta mujer daba una «ración» a sus criadas quiere decir que les asignaba las tareas para el día. Ella se organizaba diligentemente a sí misma y a sus ayudantes para que los quehaceres de la casa se llevaran a cabo con eficacia.

Dios te ha dado el privilegio de establecer cada mañana la pauta y el ambiente de tu hogar. Él te bendecirá abundantemente si lo buscas temprano en la mañana, atiendes las necesidades de tu familia y estableces un plan para el día.

_____

_____

_____

_____

_____

_____

_____

_____

_____

_____

_____

Sueña, planifica y actúa

Calcula el valor de un campo y lo compra;
con sus ganancias planta un viñedo.

PROVERBIOS 31:16, NVI

Nuestro Señor omnisciente nos presenta otros consejos prácticos para ser exitosas. El mundo de la mujer de Proverbios 31 se extendía más allá de la puerta de su hogar; ella también era una visionaria y una mujer de negocios:

Paso #1: *Consideración y cálculo.* Cuando escuchó que cierto terreno estaba a la venta, esta mujer sabia seguramente oró, les hizo preguntas a distintas personas y buscó el consejo de su esposo acerca de la compra del campo.

Paso #2: *Adquisición.* Con la bendición de su paz mental, las respuestas prácticas a sus preguntas y la aprobación de su esposo, ella actuó. Esta mujer prudente compró su campo con el dinero que había ganado y ahorrado a través de su arduo trabajo y su frugalidad.

Paso #3: *Renovación.* Con su dinero bien ganado, bien administrado y fielmente ahorrado, esta mujer capaz mejoró su propiedad plantando un viñedo con las mejores plantas que su capital le permitió comprar.

Proverbios 31 no nos llama solo a trabajar, ¡sino a soñar! Esta mujer noble y realizada soñó... y luego actuó para hacer realidad sus sueños. Ella quería una vida mejor para su familia, mejor y más alimento en su mesa, productos que pudiera dar y vender a otras personas, ingresos que pudiera invertir para el bienestar de su familia y la satisfacción de usar su creatividad para hacer realidad sus sueños. Ella bendijo a otros usando las capacidades con las que Dios la había bendecido.

Apaga la televisión, la computadora y cualquier cosa que impida que pienses creativamente, que sueñes, que planifiques, que actúes. Toma tiempo delante del Señor para anotar tus sueños. Luego, considera y calcula (pide, busca y llama); adquiere (procede); y renueva (mejora tu inversión y desarrolla tus destrezas).

Doce pasos para conseguir resultados

[Ella] ciñe de fuerza sus lomos, y esfuerza sus brazos.

PROVERBIOS 31:17

El ama de casa de Proverbios 31 trabajó con ahínco para crear su «hogar dulce hogar». ¿Cómo puedes, igual que ella, mantener un espíritu vigoroso y una actitud de «yo puedo»?

- Acoge la voluntad de Dios para tu vida. La mujer de Proverbios 31 refleja su voluntad para ti.

- Mantente en la Palabra de Dios. Hay poder en la Palabra, así que léela todos los días.

- Desarrolla una visión. Crea un «cuadro general» de lo que quieres que sea tu hogar: un refugio para la familia, un lugar donde puedas criar hijos que amen a Dios.

- Explora el «porqué». Descubrir por qué haces lo que haces te ayuda a mantenerte motivada para hacer con dedicación lo que tienes que hacer.

- Ora por una actitud dispuesta. Pídele a Dios que te ayude a aceptar con entusiasmo las tareas que Él tiene para ti.

- Crea un plan de trabajo. ¡Planifica y lleva a cabo tus tareas!

- Establece una rutina. Las rutinas te ayudan a realizar tus tareas y a ser más eficiente.

- Lee libros sobre cómo administrar bien el tiempo. Aprende las mejores maneras de hacer tu trabajo.

- Haz primero lo peor. Esto hace que el resto de tu día sea más fácil.

- Escucha música. La música con un compás animado te ayuda a combatir el decaimiento.

- Verifica qué tan rápido puedes trabajar. Convierte tus tareas en un juego. Gánale al reloj.

- Reflexiona en las bendiciones. Alaba a Dios por lo que tu trabajo significa para ti y para aquellos a los que afecta.

Selecciona un paso, eleva una oración, haz todo lo que tengas que hacer y ¡disfruta cuando puedas decir «misión cumplida»!

_____

_____

_____

_____

_____

_____

_____

Una fuente refrescante de palabras inspiradoras

Abre su boca con sabiduría, y la ley de clemencia está en su lengua.

PROVERBIOS 31:26

Saciar la sed era un serio desafío cotidiano para los habitantes de un Israel árido. La lucha por una supervivencia básica era —y sigue siendo— la orden del día. En contraste con este difícil entorno, Proverbios 10:11 dice: «Fuente de vida es la boca del justo» (NVI). La manera de hablar piadosa es comparada con el agua, que es vital para preservar la vida. Y la manera de hablar piadosa satisface las necesidades emocionales justo como el agua satisface las necesidades físicas. Las palabras de sabiduría y clemencia serán a las personas como encontrar una fuente de agua cristalina en el desierto.

Dios usa muy pocas palabras para describir la manera de hablar de la mujer de Proverbios 31. Dos comentarios básicos parecen ser suficientes para describirla bien:

Sabia al hablar: «abre su boca con sabiduría».

De buen corazón: «la ley de clemencia está en su lengua».

Piensa otra vez en esa fuente de vida en el desierto. Ahora concéntrate en las personas heridas, estresadas y con dificultades con las que te relacionas o ves en tu mundo cotidiano. Aunque tal vez muestren sonrisas valientes, tú sabes que la verdad detrás de cada sonrisa no siempre es bonita. Proverbios 14:10, 13 dice: «Cada corazón conoce sus propias amarguras… También de reírse duele el corazón, y hay alegrías que acaban en tristeza» (NVI).

Pídele a Dios que te use para renovar y alentar a las personas que encuentres hoy en tu camino. Pídele que te bendiga con palabras vivificantes que sean sabias, amables y edificantes. Con su amor en tu corazón y una cuidadosa selección de palabras, puedes ayudar a sanar a los afligidos y ser una fuente refrescante para sus almas.

Crecimiento en el Señor

Engañosa es la gracia, y vana la
hermosura; la mujer que teme a Jehová,
ésa será alabada.

PROVERBIOS 31:30

En el fondo de todo lo que admiramos en la mujer de Proverbios 31 está su profunda reverencia por el Señor. Aunque nuestro mundo valora el atractivo y la belleza, a Dios le preocupa nuestro corazón. A medida que creces en tu amor por Él, ¿por qué no practicas estos principios inmemoriales?

Comprométete con Cristo. En nuestro tiempo del Nuevo Testamento, puedes tener una relación personal con Dios por medio de su Hijo, Jesucristo. Cuando Jesús dirige tu corazón y tu vida, todo lo que haces es un acto de adoración para Él (Colosenses 3:23).

Separa tiempo para estar con el Señor. Como una creyente en Cristo, tienes el privilegio de ser reflejo de su grandeza y de adorar en la hermosura de su santidad (Salmos 29:2). Separa un tiempo diario y regular para alabar, meditar y estudiar en su presencia. ¡El tiempo a solas con el Señor es esencial y valioso!

Adopta el plan y los principios de Dios. Proverbios 31 presenta un plan y unos principios de Dios para tu vida. Entonces, ámalo y acepta su sabiduría. Deléitate en cada aspecto de su plan, vive sus principios y síguelo con un mayor compromiso cada día.

Ten la certeza. Si no tienes una relación personal con Jesucristo o no estás segura, resuélvelo ahora mismo. Habla con Jesús. Si quieres, puedes usar la oración que aparece a continuación. Encamina tus pasos en la senda de Dios. ¡Nunca te arrepentirás!

Jesús, sé que soy una pecadora, pero quiero alejarme de mis pecados y seguirte a ti. Creo que moriste por mis pecados y que resucitaste victorioso sobre el pecado y la muerte. Te acepto en este momento como mi Salvador personal. Ven a mi vida y ayúdame a seguirte desde este día en adelante. ¡Gracias!

Bendición a través de la extraordinaria provisión de Dios

¡Bendita!

Libro de la genealogía de Jesucristo...
María, de la cual nació Jesús, llamado
el Cristo.
MATEO 1:1, 16

Justo al principio del libro de Mateo nos presentan a María, la madre de Jesús. En la genealogía de Jesús se refieren a ella como la esposa de José, a quien finalmente se le conocería como la madre de nuestro Señor y Salvador.

¿Te has preguntado alguna vez por qué Dios escogió a María para ser «bendita... entre las mujeres», para llevar en su vientre al Hijo de Dios, para amarlo y atesorarlo como su primogénito, para criarlo en el conocimiento de su Padre celestial? He aquí algunos detalles que conocemos sobre María:

- *Era virgen.* El profeta Isaías dijo que el Hijo de Dios nacería de una virgen. La joven María era soltera, y una mujer pura y piadosa.

- *Era una joven de origen humilde.* María era una muchacha de pueblo, proveniente de la ciudad de Nazaret; no pertenecía a la realeza, ni era una mujer refinada de la alta sociedad.

- *Era una seguidora fiel.* María era una mujer conforme al corazón de Dios, una mujer que vivía según su voluntad divina.

- *Era una judía fiel.* De la tribu de Judá y de la descendencia de David, María adoraba al único y verdadero Dios, y aparentemente lo hacía en espíritu y verdad. Solo una mujer como ella cualificaría para esta importante tarea de parte de Dios.

¿Qué cuatro frases usarías para describirte? Mientras piensas en eso, disfruta del alivio que viene de saber que no importa lo humilde, lo sencilla, lo pobre, lo común, lo inteligente o lo exitosa que seas, ¡Dios te ama! Y, como María, puedes ser bendita y Dios puede usarte para hacer grandes cosas. ¿Cómo? Amándolo… humilde, devota y fielmente con todo tu corazón, alma, fuerza y mente.

_____

_____

_____

_____

_____

_____

_____

_____

_____

_____

_____

María, la madre de Jesús

Los regalos del ánimo y la visión

Vieron al niño con su madre María, y postrándose, lo adoraron.

Mateo 2:11

Después de que María dio a luz a Jesús, «vinieron del oriente a Jerusalén unos magos» y ella los recibió. Tal vez hubo confusión cuando llegaron estos extranjeros exóticos y trataron de explicar su visita. Estos magos vieron «su estrella» en el oriente y habían venido a adorar a Jesús. Ellos habían ido primero al rey Herodes, el gobernante de Judea, quien se turbó al escuchar que alguien aparte de él fuera considerado digno de ser llamado rey. Nadie en su corte sabía quién era este advenedizo. Pero los magos lo descubrieron. Por fin, la estrella que los había dirigido por cientos de kilómetros, los llevó hasta María, José y Jesús. Sin duda, esta visita de los misteriosos extranjeros animó a María.

Visión: estos hombres llegaron para adorar al Cristo niño, al Rey de los judíos. El que ellos hubieran viajado durante varios meses desde un lugar lejano probablemente le dio a María una visión más amplia y una comprensión más clara del futuro que Dios tenía para su bebé.

Provisión: los sabios de oriente le rindieron tributo a Jesús con regalos valiosos. Es posible que estos regalos hayan financiado la huida a Egipto de José y María. El motivo del apresurado viaje era proteger a Jesús de los celos del rey Herodes, quien había ordenado la muerte de todos los bebés judíos en y cerca de Belén para eliminar posibles rivales.

Dios conoce las necesidades de su pueblo, incluso las tuyas. Ya sea que necesites ánimo, un vistazo de lo que sucederá, provisiones físicas u otra cosa, Él ha prometido que «suplirá todo lo que os falta conforme a sus riquezas en gloria en Cristo Jesús» (Filipenses 4:19). Confía en Él. Preséntale tus necesidades. El Señor es tu pastor; ¡nada te faltará! (ver Salmos 23:1).

Fiel en seguir el plan de Dios

[José] tomó de noche al niño y a su madre,
y se fue a Egipto.

MATEO 2:14

El rey Herodes estaba furioso, celoso y asustado después de escuchar que alguien había sido llamado «rey de los judíos», aunque fuera un niño. Como resultado, Herodes ordenó la muerte de todos los niños judíos menores de dos años en el área de Belén para así eliminar a cualquier posible rival.

No hay forma de saber lo que traerá el matrimonio, la maternidad, ni siquiera un día cualquiera, ¿cierto? María —una mujer que había sido «muy favorecida» y «bendita… entre las mujeres», y que había «hallado gracia delante de Dios»— también tenía que aprender algunas lecciones sobre la fe en Dios y el seguir al Señor. Dios le ordenó a José, el tutor terrenal de Jesús, que tomara a su familia y huyera a Egipto. ¿Qué requirió esto de María?

Seguir las instrucciones de su esposo. ¿Puedes imaginar que te despertaran en medio de la noche y que tu esposo te dijera: «¡Nos vamos, nos mudamos ahora mismo!»?
—Pero, cariño, ¿adónde vamos?

—A Egipto. El viaje solo nos tomará entre diez a quince días.

—¿Pero por qué?

—Porque tuve un sueño, y Dios me dijo que me fuera.

¡Imagínate lo que ocurriría bajo la mayoría de los techos con un anuncio como este! Pero sabemos que María amaba a Dios y vivía su plan divino, así que siguió a su esposo… y salvó la vida de su hijito.

Tener fe. La fe en Dios te permite seguir el plan de Dios. Adórnate con el hermoso Espíritu de Dios y sigue a tu esposo, o, si eres soltera, sigue a las personas a las que Dios ha puesto para dirigirte.

Padre, ayúdame a ser una decidida mujer de fe, dispuesta a seguir a mi esposo [o a las personas con autoridad espiritual] según me va dirigiendo a tu buena, agradable y perfecta voluntad. Amén.

La petición de una madre

Entonces se le acercó la madre de los hijos de Zebedeo... postrándose ante él y pidiéndole algo.

MATEO 20:20

Hoy conoceremos a la mamá de Santiago y de Juan, los hijos de Zebedeo, y dos de los discípulos de Jesús. En esta breve escena vemos a una madre afectuosa trayendo los deseos de su corazón delante de su Salvador.

Persona. No hay duda de que la mamá de los hijos de Zebedeo reconocía la autoridad de Jesús.

Postura. Cuando esta devota servidora se acercó a su Señor soberano, la única postura apropiada era una de humildad. Esta madre se postró ante Jesús.

Petición. Como una fiel seguidora de Jesús, la madre de Santiago y de Juan le presentó a Jesús su petición: «Ordena que en tu reino se sienten estos dos hijos míos, el uno a tu derecha, y el otro a tu izquierda» (Mateo 20:21). En otras palabras: «Dales posiciones especiales».

Esta mamá fiel deseaba que sus hijos amaran y sirvieran a Jesús para siempre. Tal vez haya malinterpretado las enseñanzas de Jesús, pero sí demuestra una preocupación espiritual por sus hijos. ¿Cómo estás tú en las tres P?

Persona. ¿Es Jesús tu Señor y Salvador personal? ¿Lo estás obedeciendo en todos los aspectos de tu vida?

Postura. ¿Mantienes una postura de humildad que honre a Jesús como Señor? ¿Eres reverente y una verdadera adoradora? ¿Eres una mujer de oración, con un corazón contrito?

Petición. ¿Llevas ante tu Padre celestial cada preocupación que tienes sobre tus hijos? ¿Pides, buscas y llamas en favor de tus hijos e hijas?

_____

_____

_____

_____

_____

_____

_____

_____

_____

_____

_____

_____

_____

_____

_____

La llama del conocimiento

Mientras Pilato estaba sentado en el tribunal, su esposa le envió el siguiente recado...

MATEO 27:19, NVI

Jesús había provocado un gran revuelo, y los judíos en el Concilio Supremo (el Sanedrín) le temían tanto a su gran número de seguidores que conspiraron para arrestarlo. Judas, uno de los discípulos de Jesús, lo traicionó y Jesús fue arrestado. Mientras Jesús estaba frente al gobernador de Judea, apareció de pronto un mensajero con un recado para Pilato. Era una advertencia de parte de su esposa: «No te metas con ese justo, pues, por causa de él, hoy he sufrido mucho en un sueño» (Mateo 27:19, NVI). ¡Asombroso! Ella tuvo...

- *un sueño breve:* no conocemos los detalles del sueño, pero fue tan inquietante que provocó que le hiciera una advertencia a su poderoso esposo.

- *una percepción breve:* el sueño le reveló o le ayudó a concluir que Jesús era «justo».

- *la iniciativa para escribir una nota breve:* la esposa de Pilato actuó rápidamente y escribió de prisa un mensaje claro y conciso para él.

Unas chispas de conocimiento llevaron a esta mujer a interceder en favor de Jesús. ¿Tenía ella fe en Jesús? ¿Perduró la luz o la percepción del conocimiento? ¿Acaso no te gustaría que fuera así? ¿Y qué me dices de tu conocimiento? ¿Sabes que…

- renovar diariamente tu compromiso de vivir para Dios aviva la llama de la fe?

- estudiar la Biblia fomenta una comprensión precisa de la Palabra de Dios?

- obedecer fielmente provoca que tu luz brille intensamente entre las personas?

- orar con pasión te permite ver el resplandor de la gloria de Dios?

¿Estás preparando una hoguera de fe?

_____

_____

_____

_____

_____

_____

_____

_____

_____

_____

El sendero a Jesús

He aquí, Jesús les salió al encuentro...
Y ellas, acercándose, abrazaron sus pies,
y le adoraron.

MATEO 28:9

Te presento a un pequeño grupo de mujeres fieles que fueron testigos de la horrible muerte de Jesús. Después de tres días largos y desoladores, ellas recibieron la bendición más grande de todas: ¡vieron y hablaron con el Jesús resucitado y glorificado! Esta historia aparece en los cuatro Evangelios, pero solo Mateo cuenta lo que Jesús les dijo a estas mujeres fieles: palabras de consuelo («No temáis», v. 10), de instrucción («id, dad las nuevas a mis hermanos»), y de promesa («allí me verán»).

Estas mujeres caminaron...

- *por el sendero de la fidelidad.* La mayoría de los discípulos de Jesús lo abandonaron, pero estas mujeres se mantuvieron cerca de la cruz hasta el final, y luego siguieron a la distancia para ver dónde lo iban a enterrar. Más tarde, regresaron al sepulcro para preparar el cuerpo de Jesús.

- *por el sendero del aprendizaje.* El domingo por la mañana, en el sepulcro, un ángel les dio instrucciones a este grupo de mujeres de anunciar a los discípulos que Jesús estaba vivo.

- *por el sendero de la obediencia.* Mateo nos dice que salieron corriendo para cumplir con las instrucciones del ángel. Cuando salieron en obediencia a cumplir la orden divina, ¡Jesús se les apareció y habló con ellas!

Las mujeres estaban sobrecogidas, entusiasmadas y con actitud reverente cuando les salió al encuentro su Salvador resucitado… ¡igual estarías tú en esa situación! ¿Puedes imaginártelo? ¿El susto encantador, las sonrisas convirtiéndose en risitas nerviosas, las carcajadas, el regocijo, la disposición para servir?

¿Inspira tu relación con Jesús estas mismas reacciones? ¿Necesitas reavivar tu fe a través de la oración, la meditación y el estudio de la Biblia? Jesús fue crucificado por tus pecados, murió y fue enterrado… y después Él resucitó del sepulcro, victorioso sobre el pecado y la muerte. ¡Y por medio de Él, tú también lo eres! Hazle saber a tu Salvador cuán agradecida estás por su amor y sacrificio.

_____

_____

_____

_____

_____

_____

_____

_____

La bendición de la audacia

[Ella] le rogaba que echase fuera de su hija al demonio.

MARCOS 7:26

«*L*os artistas nunca dibujan a Cristo dando la espalda», dice el erudito Dr. Herbert Lockyer.[17] Sin embargo, en el libro de Marcos encontramos a una madre angustiada a la que Jesús rehusó ayudar. Una mujer sirofenicia pagana estaba apesadumbrada porque veía cómo un demonio aquejaba a su hija.

Probablemente había tratado de curar a su hija de muchas formas… sin éxito. ¿Acaso se le estaba agotando la esperanza? Y entonces Jesús llegó a su ciudad, donde adoraban a Baal. Ella había escuchado sobre la bondad y los poderosos milagros de Jesús. Estoy segura de que su corazón saltó cuando pensó: *¡Jesús puede ayudar!*

Humildemente, esta querida mujer se acercó a Jesús y se postró a sus pies. Le pidió con cortesía y respeto que echara fuera de su hija al demonio.

Pero Jesús rehusó.

¿Se dio ella por vencida? No. Ella le siguió rogando… y rogando… y rogando.

Jesús le dijo: «no está bien tomar el pan de los hijos [de Israel] y echarlo a los perrillos [los gentiles]».

Con un destello de perspicacia, esta mujer lo intentó otra vez. «Sí, Señor; pero aun los perrillos, debajo de la mesa, comen de las migajas de los hijos».

Y entonces Jesús le dijo: «Por esta palabra, ve; el demonio ha salido de tu hija». ¡Qué alegría y alivio sintió esta madre! Y cuando llegó a su casa, descubrió que el demonio sí había salido de su hija.

Cuando estés sufriendo y tengas una necesidad, sé audaz:

- Pon toda tu fe en Jesús.

- Ten suficiente fe para pedir con atrevimiento... y pedir otra vez... y otra vez... y otra vez... lo que necesitas.

- Reconoce que Jesús puede, y va a ayudarte.

- Confía en el poder y la eficacia de Dios y de su Palabra.

Elisabet

Supera la dificultad y el dolor

*Su mujer era de las hijas de Aarón, y se
llamaba Elisabet.*

Lucas 1:5

Te presento a Elisabet, una mujer del linaje sacerdotal de Aarón. Ella estaba casada con un sacerdote llamado Zacarías. Cuando miramos sus vidas, es evidente que ambos crecieron en hogares donde temían al Señor, y se enseñaban y practicaban los preceptos divinos.

Los momentos devocionales familiares son maravillosos y valiosos. En ellos la familia se une, se fortalece la fe, se enseñan los principios de Dios y los miembros se preparan para hacerle frente a la vida. La herencia de la devoción a Dios ayudó a Elisabet a caminar con valentía por una vida que, por momentos, fue difícil y dolorosa. A partir de esta lectura devocional y en las próximas tres, te invito a reflexionar en los beneficios de reunirse como familia para adorar y estudiar juntos.

Razón #1 para los momentos devocionales: «Te envía a realizar tus tareas diarias con un corazón alegre, más fuerte para el trabajo y más centrado en la encomienda, y decidido en que lo se haga sea para glorificar a Dios».[18]

Elisabet no tenía hijos. De hecho, había pasado su edad para procrear sin tener hijos. Esto significa que había soportado décadas de matrimonio bajo la sombra de la esterilidad, en una cultura donde no tener hijos se consideraba una desgracia, y posiblemente el juicio de Dios a causa del pecado. ¿Cómo Elisabet siguió adelante? Quizás su fidelidad en pasar tiempo con Dios la fortaleció en el día a día de su dolorosa realidad de no tener hijos. El tiempo frecuente con el Señor le permitió tener un corazón alegre, fortaleza para su trabajo y la determinación para glorificar a Dios independientemente de sus circunstancias.

¿Has fijado un tiempo para tu devocional diario? Si no es así, comienza hoy. Pasa unos momentos a solas con el Señor cada día, estudiando su Palabra y orando por tus problemas.

Si has sido bendecida con hijos, reúnelos todos los días para orar y escuchar la Palabra de Dios. Anímales a buscar a Dios en todo lo que hacen.

Elisabet

Momento a momento con Dios

Ambos eran justos delante de Dios,
y andaban irreprensibles en todos los
mandamientos y ordenanzas del Señor.
Lucas 1:6

lisabet y Zacarías fueron una pareja de ancianos bendecida con una herencia piadosa, pero también tuvieron que caminar por un sendero muy difícil. Ellos no tenían hijos… no tenían pequeñines para amar, ni nietos para mimar, ni alguien que perpetuara el apellido de la familia. A pesar de esto, Lucas nos dice que Elisabet y Zacarías eran seguidores de Dios. Ellos eran…

- *Justos:* Elisabet y su esposo obedecían la ley de Dios y la acataban al pie de la letra.

- *Obedientes:* Elisabet caminaba junto a su esposo en todos los mandamientos (obediencia moral) y las ordenanzas del Señor (obediencia ceremonial).

- *Irreprensibles:* Elisabet y Zacarías vivían de una manera que agradaba a Dios. Externamente, obedecían la Ley de Moisés, pero internamente también eran obedientes al Señor.

No obstante, aun así sufrieron. Elisabet nos muestra la forma de amar y seguir a Dios momento a momento cuando la vida es difícil. ¿Qué contribuyó a su fidelidad? Probablemente su tiempo diario con el Señor.

> *Razón #2 para los momentos devocionales:* «Te hacen consciente a lo largo del día de la presencia constante del Santo, que te ayudará a ser más que vencedor».[19]

A lo largo del día, el tener un conocimiento pleno —a cada momento— de que la presencia constante de Dios está contigo te ayuda a cargar cualquier cruz y a enfrentar cualquier aflicción en victoria por medio de Cristo. Puedes soportar los momentos difíciles y seguir siendo justa, obediente e irreprensible si crees en Jesús como Salvador, y acudes diaria, diligente y devotamente a Él para tu porción de fortaleza y sabiduría.

_____

_____

_____

_____

_____

_____

_____

_____

_____

Las fuerzas para hoy

Elisabet era estéril, y ambos eran ya de edad avanzada.

Lucas 1:7

El que Elisabet y su esposo Zacarías no tuvieran hijos tal vez no parezca muy problemático hoy día, pero, en su época, los rabinos judíos creían y enseñaban que había siete tipos de personas que serían excomulgados de Dios. Su lista comenzaba con estas agudas palabras: «Un judío que no tenga esposa, o un judío que tenga una esposa, pero que no tenga un hijo». Además de ser un gran estigma en la cultura judía, ¡no tener hijos era un motivo válido para el divorcio!

Sin embargo, existía una carga mucho más pesada que el miedo al divorcio para una mujer sin hijos. Las mujeres hebreas tenían la esperanza de engendrar al tan esperado Mesías. Como judía fiel, justa y obediente, sin duda Elisabet soñaba con ese gran privilegio. Tristemente, la llama de esperanza de la vela de Elisabet se fue apagando según pasaban sus años fértiles.

¿Cómo manejó Elisabet esto? Como su nombre significa «Dios es mi juramento» o «adoradora de Dios», ciertamente ella buscaba en Él las fuerzas para cada día.

Razón #3 para los momentos devocionales: «Te darán las fuerzas para enfrentar los desalientos, las decepciones y las adversidades inesperadas, y a veces las esperanzas frustradas que pueden llegar a tu vida».[20]

Al enfrentar hoy tu día, confía en que el poder de Dios te ayudará con los problemas que surjan. El tiempo con Él —adorándole, agradeciéndole, pidiéndole, escuchándolo— te da las fuerzas que necesitas para enfrentar lo que llegue a tu vida. El amor y la sabiduría que recibes del Señor avivarán tu amor y mantendrán encendida la llama de la esperanza. Aférrate a la promesa de Dios: «¡Sé fuerte y valiente! ¡No tengas miedo ni te desanimes! Porque el Señor tu Dios te acompañará dondequiera que vayas» (Josué 1:9, NVI).

Milagros y bendiciones

Después de aquellos días concibió su mujer Elisabet, y se recluyó en casa por cinco meses.
LUCAS 1:24

¡Dios hizo un milagro! No, ¡muchos milagros!

Primer milagro. Un ángel dijo: «tu oración ha sido oída, y tu mujer Elisabet te dará a luz un hijo, y… será grande delante de Dios».

Segundo milagro. Zacarías cuestionó las buenas noticias del ángel y se quedó mudo… hasta el nacimiento de su hijo.

Tercer milagro. Elisabet concibió a pesar de su edad avanzada.

¿Cómo respondió Elisabet al milagro del embarazo? ¿Alardeó Elisabet y lo gritó a los cuatro vientos? No. Se mantuvo en su casa. ¿Por qué?

- *Ella estaba feliz.* ¡Un bebé venía en camino! Y este bebé sería el precursor del Mesías.

- *Ella estaba agradecida.* Probablemente pasó gran parte del tiempo postrada delante de Dios en agradecimiento.

- *Ella era realista*. El hijo esperado iba a jugar un papel importantísimo en la historia del pueblo de Dios, y la responsabilidad de educarlo en la fe exigía que se preparara con mucha oración.

¿Te presentas delante del Señor con tus tristezas *y* tus alegrías, tu gratitud y tus responsabilidades, tus esperanzas para el día de hoy y tus sueños para el futuro?

Razón #4 para los momentos devocionales: «Endulzará tu vida familiar y enriquecerá las relaciones en tu hogar como nada más puede hacerlo».[21]

Dios te llena con su amor y su esperanza, su paz y su fuerza cuando pasas tiempo con Él. Esto te bendice a ti, a los que viven contigo y a las personas con las que te relacionas.

_____

_____

_____

_____

_____

_____

_____

_____

_____

_____

_____

Promesas benditas

Entonces María dijo al ángel: ¿Cómo será esto?

LUCAS 1:34

Aquella mañana, el sol salió como todos los días. Mientras María revisaba la lista de sus tareas para su jornada, no se imaginaba que su vida estaba a punto de ser transformada de lo cotidiano a lo misterioso.

Unos segundos después, las esperanzas de María de una vida tranquila y sosegada habían desaparecido. También desaparecieron el bienestar y la seguridad de una rutina predecible. ¿Qué ocurrió? El ángel Gabriel se le apareció a la joven María y le trajo un mensaje trascendental. Nada sería igual para María ni para el mundo. Dios la había escogido para ser la madre de su Hijo. Ella traería al mundo a su Salvador, Señor y Rey.

¿Cómo respondió María a este momento decisivo en su vida? Y, ¿qué lecciones podemos obtener de sus experiencias?

En el Evangelio de Lucas vemos que María aceptó humildemente la noticia de que concebiría al Hijo de Dios. Fíjate en su respuesta inicial: «¿Cómo podrá suceder esto… puesto que soy virgen?» (NVI). Esta pregunta perfectamente natural recibió una respuesta que apuntaba a lo sobrenatural: «El Espíritu Santo vendrá sobre ti, y el poder del Altísimo te cubrirá con su sombra. Así que al santo niño que va a nacer lo llamarán Hijo de Dios» (NVI). El nacimiento sería un milagro. Y esa fue toda la explicación que recibió María.

¿Puedes señalar un día en tu vida que cambió todo? Quizás una nube oscura ocultó el sol. O el día fue tan resplandeciente que tuviste que cubrir tus ojos. Los momentos decisivos como estos pueden sacudirnos hasta lo más profundo. Y pueden dirigirnos, en alabanza, hacia Dios, su Palabra y sus promesas por lo que Él ha traído, o puede llevarnos a aceptar que a veces la compresión absoluta de los «cómo» y los «por qué» está en la esfera de Dios.[22]

_____

_____

_____

_____

_____

_____

_____

_____

_____

_____

_____

_____

_____

_____

_____

_____

¡Únete al coro de alabanza!

María dijo: Engrandece mi alma al Señor.

LUCAS 1:46

*L*a mejor prueba de un corazón es el calibre de su expresión… la calidad de las palabras que pronuncia. A través de las palabras de María vemos su corazón puro. Cuando llegó a la casa de su prima Elisabet, esta jovencita abrió su boca y pronunció unas hermosas palabras de alabanza, un cántico que se conoce como el «Magníficat» de María. Ella comienza diciendo: «Engrandece mi alma al Señor» y las palabras inspiradas que siguen contienen quince citas del Antiguo Testamento (Lucas 1:45-55). Como señaló un autor, el número de pasajes bíblicos que ella citó en el «Magníficat» demuestra que «María conocía a Dios, a través de los libros de Moisés, los Salmos y los escritos de los profetas. Ella sentía una reverencia profunda en su corazón por el Señor Dios porque ella sabía lo que Él había hecho en la historia de su pueblo».[23]

Sin duda, las cuerdas del corazón de María estaban afinadas con el corazón de Dios. Su corazón estaba saturado con su Palabra. Y, como conocía a Dios y su extraordinaria provisión, misericordia y fidelidad, María cantó…

- una canción de alegría, de regocijo y de celebración.

- una canción con significado, basada en las Escrituras.

- una canción que reflejaba el amor y la devoción de Ana, una santa del pasado (1 Samuel 2).

- una canción para hoy, puesto que Dios es el mismo ayer y hoy.

- una canción para la eternidad porque la Palabra de Dios permanece para siempre.

Como tú conoces a Dios y reconoces su poder y su amor infinitos, puedes unirte a María en su coro de alabanza. Lee sus hermosas y alegres palabras y añade tu voz a su dulce melodía: «Engrandece mi alma al Señor».

_____

_____

_____

_____

_____

_____

_____

_____

_____

_____

_____

_____

María, la madre de Jesús

Parada sobre un fundamento de bendición

Santo es su nombre.
LUCAS 1:49

¿Anhelas ser una mujer de gran fe? En ese caso, llena tu corazón y tu mente con la Palabra de Dios. Obviamente María, la madre de Jesús, tenía una gran fe porque sus palabras revelan un corazón rebosante de la ley del Antiguo Testamento, los salmos de alabanza, la sabiduría de los profetas y las oraciones de creyentes…

- *La santidad de Dios:* «Santo es su nombre». Dios es completamente puro, en contraste absoluto con los seres humanos pecadores y egoístas. En Jesús, Dios reveló su santidad (Lucas 1:49).

- *La misericordia de Dios:* «Y su misericordia es de generación en generación a los que le temen» (v. 50). En Jesús, Dios extendió su misericordia al proveer para nuestra salvación.

- *El poder de Dios:* «Hizo proezas con su brazo; esparció a los soberbios en el pensamiento de sus corazones. Quitó de los tronos a los poderosos, y exaltó a los humildes» (vv. 51-52). Maravíllate ante el poder de Dios.

- *La bondad de Dios:* «A los hambrientos colmó de bienes, y a los ricos envió vacíos». Dios es bueno, y la vida y las enseñanzas de Jesús reflejan su deseo de alcanzar a todo el mundo (Lucas 1:53; 6:35).

- *La fidelidad de Dios:* «Socorrió a Israel su siervo, acordándose de la misericordia de la cual habló a nuestros padres, para con Abraham y su descendencia para siempre» (Lucas 1:54-55). Dios es eternamente fiel a su Palabra y a su pueblo escogido. En Jesús, Dios envió al Redentor que le prometió a Abraham, y a nosotras como la semilla de Abraham.

Elisabet

Regocíjate en la bondad de Dios

A Elisabet se le cumplió el tiempo…
[y] dio a luz un hijo.
LUCAS 1:57

Dios, que es poderoso, hace grandes cosas por aquellos que le aman. Las «grandes cosas» de Elisabet incluyeron un embarazo milagroso cuando ya era anciana y el nacimiento de su hijo, Juan el Bautista. «Sus vecinos y parientes se enteraron de que el Señor le había mostrado gran misericordia, y compartieron su alegría» (Lucas 1:58, NVI).

Imagínate la completa y total alegría de Elisabet ante la bondad de Dios hacia ella. No había tenido hijos por muchísimos años y, entonces, el milagro de milagros, Dios la escogió para concebir a Juan, el precursor del Señor. El pequeñín de Elisabet sería grande ante los ojos del Señor, estaría lleno del Espíritu Santo, llevaría los corazones de muchos al Señor y anunciaría la venida del Mesías. La luz resplandeciente de la bondad de Dios provocó que las décadas de oscuridad se desvanecerían en un recuerdo lejano.

¿Recuerdas con frecuencia las grandes cosas que Dios ha hecho por ti? Elisabet se escondió por cinco meses para contemplar la bondad de Dios.

Si eres mamá, considéralo como una de las bendiciones más grandes de la vida. Los hijos son una fuente de gran alegría. Cuando Juan nació, el corazón de su mamá se llenó con una alegría rebosante. Acostúmbrate a regocijarte con otras personas por las grandes cosas que Dios hace en sus vidas. Los vecinos de Elisabet se regocijaron con ella.

Regocíjate en la bondad de Dios. Sé fiel a Dios y confía en su bondad, aun cuando no puedas ver señales obvias de su amor. Recuerda que el pueblo de Dios «[anda] por fe…, no por vista» (2 Corintios 5:7). Decide confiar en la bondad redentora y el amor inagotable de Dios.

María, la madre de Jesús

Ser bendecida no significa una vida sin preocupaciones

En cuanto a ti, una espada te atravesará el alma.

LUCAS 2:35, NVI

Ninguna de nosotras sabe lo que depara el futuro, pero Dios le dio a María un indicio de lo que le esperaba a ella: «una espada te atravesará el alma». María fue muy favorecida y bendecida por Dios al ser la madre de su Hijo, pero este privilegio representó pruebas reales.

Cuando María y su esposo José llevaron a Jesús al templo para dedicarlo a Dios, seguramente sus sueños y esperanzas se multiplicaron al pensar en su brillante futuro. Para ratificar sus pensamientos, un anciano llamado Simeón —un hombre devoto que adoraba regularmente y que aguardaba con esperanza para ver la venida del Señor— tomó a Jesús en sus brazos y profetizó sobre su ministerio para el mundo. Pero cuando Simeón estaba terminando su bendición, se dirigió a María y le dijo: «En cuanto a ti, una espada te atravesará el alma» (NVI). Seguramente María se preguntó qué significaría esto. ¿Qué pasaría que le causaría tanto dolor?

Nunca entenderemos completamente la profundidad de la angustia de María, pero las palabras de Simeón pintaron un cuadro horrible. La palabra para «espada» es la misma que se usa en el Antiguo Testamento para describir el arma enorme del gigante Goliat (1 Samuel 17:51).

Las grandes bendiciones de Dios no garantizan una vida sin preocupaciones. Con frecuencia, estas bendiciones llegan a expensas de nuestro bienestar personal. Pero mientras más lo escuchamos y lo seguimos, más el Señor puede transformarnos a nosotras y a los que están a nuestro alrededor para dar a conocer su mensajes de amor y salvación. Tal vez por este alto precio es que la Biblia anima a los cristianos a tener en alta estima a aquellos a los que podemos estar tentadas a envidiar. Se supone que…

- nos regocijemos con aquellos que se regocijan.

- apreciemos a los que gobiernan sobre nosotras en el Señor.

- oremos por aquellos que gobiernan y obedezcámosles.

No siempre sabemos cuál es el precio del favor de Dios, pero sabemos que su amor y su favor sí valen ese precio.

_____

_____

_____

_____

_____

_____

_____

_____

_____

El regalo de una luz compartida

Estaba también allí Ana, profetisa.
Lucas 2:36

*L*as profetisas estaban facultadas para hablar la Palabra de Dios y así traer luz a la oscuridad.

Miriam dirigió a las mujeres israelitas en alabanza cuando Dios derrotó al faraón egipcio y a su ejército (Éxodo 15:20).

Débora sirvió como jueza en Israel y le dio instrucciones de parte de Dios a Barac que condujeron a la victoria contra Sísara (Jueces 4:4-7).

Hulda aconsejó al rey Josías con respecto al libro de la ley (2 Reyes 22:14).

Ahora encontramos a Ana. Después de que el profeta Simeón hizo su sombría declaración sobre el futuro de Jesús y el sufrimiento de María; Ana, la profetisa, «dio gracias a Dios y comenzó a hablar del niño a todos los que esperaban la redención de Jerusalén» (NVI). Tal vez las palabras de Ana levantaron momentáneamente la nube oscura que cruzó el feliz corazón de María después del serio presagio de Simeón.

La oscuridad había tocado la vida de Ana. Su amado esposo había muerto joven y por muchos, muchos años ella había alzado su mirada a los montes, esperando la llegada del Mesías. Y he aquí, ¡en ese momento, la Luz del mundo entró en el templo! María llegó, y llevaba en sus brazos al tan esperado Niño Jesús… Aquel que disiparía la oscuridad del mundo. ¡Con razón adoró y dio gracias a Dios!

Dios fue muy gentil al usar a Ana para recordarle a María que su amado hijo —su Salvador, su Señor y su Maestro— traería el resplandor de su luz a su corazón necesitado. Todo el mundo necesita luz: la luz de la Palabra de Dios, la luz del evangelio, la luz de sus promesas y la luz de una confianza jubilosa en Él. ¿No te gustaría compartir hoy esa luz con alguien?

El bálsamo refrescante de las palabras de aliento

[Ella] no se apartaba del templo, sirviendo de noche y de día con ayunos y oraciones.

Lucas 2:37

En solo unos pocos versículos, Dios nos dice todo lo que sabemos sobre Ana: una profetisa y una mujer piadosa que amó a Dios hasta sus años dorados.

Ana era viuda. Esta mujer conoció la aflicción, pues perdió a su esposo después de solo siete años de matrimonio. Pero aparentemente ella permitió que su sufrimiento suavizara su carácter y fortaleciera su fe. Ana vivió su larga vida en servicio fiel al Señor, de día y de noche.

Ana era una mujer de la tercera edad. A sus 84 años, Ana todavía esperaba «la redención de Jerusalén», el Mesías, el Salvador… ¡Jesús! ¡Qué bendición extraordinaria cuando Dios recompensó sus muchos años de fe permitiéndole ver —en carne y hueso— a la Esperanza de Israel!

La vida de Ana nos ofrece dos lecciones importantes. Primero, vemos el fruto de su fe duradera, de una fe que es «la certeza de lo que se espera» (Hebreos 11:1). ¿Está tu fe ardiendo siempre? ¿O se está apagando, enfriando o titubeando mientras esperas en Dios por la esperanza de la Segunda Venida de Jesús?

Además, aprendemos sobre la importancia de animarnos unas a otras. Aquel alegre torrente de fe de Ana debió haber calado el alma confundida de María después de que Simeón profetizara sobre la angustia que ella sufriría. Las palabras de ánimo de Ana fueron un bálsamo refrescante para su espíritu lastimado.

¡Anima y alienta a alguien que esté desanimada! Pronuncia las palabras oportunas de una ardiente fe en Dios a las personas fatigadas.

Fidelidad en todo

Un ministerio especial

Algunas mujeres… le servían de sus bienes.

LUCAS 8:2-3

Cuando nuestro Señor Jesús caminó en esta tierra «algunas mujeres» disfrutaron de un rol «absolutamente único en los evangelios», explica el teólogo Charles Ryrie.[24] Ellas ministraron al Señor; un rol que no tuvieron sus discípulos y seguidores varones. Apreciamos mejor lo especial que fue este papel cuando nos damos cuenta de que la palabra griega usada aquí para «servir» aparece en los cuatro Evangelios solo cuando el ministerio o el servicio se le rinde directamente a Jesús. ¡Y, en esos casos, es impartido o por los ángeles o por las mujeres!

¿Quiénes formaron parte de este honorable grupo de seguidoras fieles? María Magdalena, Juana, Susana y «otras muchas». Estas mujeres decidieron seguir a Jesús y apoyar su ministerio, dando de sus bienes y su servicio.

> *Bienes.* Al proveer los fondos para el ministerio de Jesús, y al mantenerlo a Él y a sus discípulos mientras ellos predicaban, estas mujeres suplieron una necesidad muy práctica.

Servicio. Con amabilidad y discreción, estas amadas mujeres también procuraron la comodidad y el bienestar personal de Jesús.

Hoy día nosotras servimos al Señor sirviendo a su pueblo. Como indicó un erudito con respecto a nuestro servicio a aquellos que trabajan para el Señor: «No es siempre la persona en el primer plano la que está haciendo el mayor trabajo. Más de un hombre que ocupa una posición pública no podría mantenerla por una semana sin la ayuda de [otros]. No existe ningún don que no pueda ser usado en el servicio a Cristo. Muchos de sus mejores siervos están en un segundo plano, sin ser vistos, pero son esenciales para su causa».[25]

Piensa en tres maneras específicas en las que puedes promover la causa de Cristo a través de tus bienes y de tu servicio. Escríbelas y haz el compromiso de llevarlas a cabo. Jesús dijo: «Les aseguro que todo lo que hicieron por uno de mis hermanos, aun por el más pequeño, lo hicieron por mí» (Mateo 25:40, NVI).

_____

_____

_____

_____

_____

_____

_____

_____

117 María Magdalena

Una seguidora a la sombra del Señor

María, que se llamaba Magdalena, de la que habían salido siete demonios.
LUCAS 8:2

¿Has escuchado el refrán «lo peor en primer lugar»? Bueno, en el libro de Lucas encontramos una lista de mujeres que sirvieron a Jesús, y que fueron sanadas y liberadas por Él. «La peor» es la primera que se menciona: María Magdalena, quien fue liberada de siete demonios. ¿Puedes imaginarte el dolor, el tormento y la destrucción que María experimentó?

Jesús, el Dios de compasión y poder, liberó a esta mujer desesperada. El detalle de sus «siete demonios» y que era de la ciudad de Magdala en el mar de Galilea son los datos específicos que tenemos. Pero desde el momento de su liberación parece haber seguido a Jesús. La que fue liberada de mucho, también amó mucho.

A causa de Cristo, el pasado no tiene poder en nuestro presente ni en nuestro futuro. Reflexiona en estas verdades:

- «De modo que si alguno está en Cristo, nueva criatura es; las cosas viejas pasaron; he aquí todas son hechas nuevas» (2 Corintios 5:17).

- «Ya no vivo yo, mas vive Cristo en mí» (Gálatas 2:20).

- «Olvidando ciertamente lo que queda atrás, y extendiéndome a lo que está delante, prosigo a la meta» (Filipenses 3:13-14).

- «Concentren su atención en las cosas de arriba, no en las de la tierra, pues ustedes han muerto y su vida está escondida con Cristo en Dios» (Colosenses 3:2-3, NVI).

Selecciona uno de los pasajes bíblicos y memorízalo. Guarda en tu corazón su verdad liberadora. Como María Magdalena, tú también puedes —en el poder de Dios— superar tu pasado y seguir hacia delante como una fiel seguidora de Jesús.

_____

_____

_____

_____

_____

_____

_____

_____

_____

_____

_____

_____

118

La esposa de Jairo

Cuando la esperanza se acaba, camina por fe

No dejó entrar a nadie consigo, sino…
al padre y a la madre de la niña.

Lucas 8:51

*L*a multitud de personas que rodeaba a Jesús tenía muchísimas necesidades. Entre ellas estaban Jairo, principal de la sinagoga, cuya hija de doce años se estaba muriendo, y una mujer con un flujo de sangre continuo. Solo Dios podía suplir esas necesidades, así que Jesús (Dios hecho carne) sanó a la querida mujer, que ahora lo adoraba postrada a sus pies. Su hemorragia de doce años se había detenido. Un mensajero llegó y le dijo a Jairo que su hija había muerto, sin embargo, Jesús le aseguró a Jairo que su hija sería sanada… «Cree solamente» y lo verás. Pero ¿y qué de la esposa de Jairo, la mamá de la niña?

Cuando Jairo salió a buscar a Jesús, la ansiosa madre estaba cuidando a su hija moribunda, haciendo todo lo que podía… aferrándose a la esperanza… orando… esperando. Los minutos agonizantes no terminaban. ¿Dónde estaba Jesús? Su esperanza murió cuando vio a su amada hija tomar su último respiro. Quizás fue esta madre devastada la que envió al mensajero para hacerle saber a su esposo que ya era muy tarde. Tal vez ella también llamó a las plañideras para comenzar su vigilia.

No obstante, a pesar del mensaje, el Sanador llegó andando a zancadas, lleno de fuerza y poder y honor y gloria y majestad. Jesús no dejó que nadie entrara, excepto los padres de la niña y sus tres discípulos más cercanos. Él tomó la mano de la niña y dijo: «Muchacha, levántate». ¡Su espíritu volvió y se levantó inmediatamente!

Tienes que creer la Palabra de Dios a pesar de los sucesos de la vida, a pesar de las circunstancias irremediables, a pesar de lo que parezca estar pasando, a pesar de que el momento oportuno y los hechos parezcan equivocados. En vez de mirar lo que puedes ver, mira lo que no se ve, «porque por fe andamos, no por vista» (2 Corintios 4:18; 5:7). Y mientras te aferras a la esperanza y oras y esperas, confía en la Palabra de Dios.

¿Paz o pánico?

Marta le recibió en su casa. Esta tenía
una hermana que se llamaba María.
Lucas 10:38-39

Hoy día nosotras enfrentamos muchísimo estrés y muchísimas presiones. El tiempo nunca nos parece suficiente: presión. Queremos hacer un buen trabajo como esposas y madres: presión. Hemos sido llamadas a ser buenas mayordomas de nuestras finanzas: presión. Nos esforzamos por ser administradoras eficaces de nuestro hogar: presión. ¿Cómo manejamos todas las presiones de la vida y sentimos paz en vez de pánico?

Dios nos ofrece un estudio clásico de opuestos con las hermanas María y Marta. Jesús fue a la casa de ellas para cenar. Marta lo recibió, pero después se distrajo con todos los preparativos. Ocupada en la cocina con todos los quehaceres y ansiosa para que todo saliera bien, Marta era un torbellino de actividad. ¿Estaba en paz? No.

¿Cómo demostró su estrés? Marta estaba en la cocina moviendo lo que había en la olla, pero también estaba agitando las cosas en la sala. Allí acusó a Cristo («¿no te da cuidado?») y acusó a María («me [dejó] servir sola»), y se quejó sobre la carga de la cena. Marta era mandona, le estaba achacando culpa a los demás y estaba distraída.

En contraste con este huracán de hiperactividad, María estaba...

- descansando a los pies del Señor, mientras Marta estaba inquieta.

- adorando, mientras Marta se preocupaba.

- en paz, mientras el nivel de pánico de Marta seguía subiendo.

- sentada, mientras Marta estaba cocinando.

- escuchando, mientras Marta seguía discutiendo.

¿Cuál fue la respuesta de Jesús? Elogió a María porque estaba haciendo lo más importante: estaba pasando tiempo con Él.

¿Un observador externo vería en ti a Marta o a María mientras manejas tus agendas, tus compromisos y tus presiones? ¿Necesitas hacer algún cambio?

_____

_____

_____

_____

_____

_____

_____

_____

_____

_____

La viuda con las dos blancas

Entrega total

Vio también a una viuda muy pobre,
que echaba allí dos blancas.
LUCAS 21:2

*Y*o me rindo a Él…

Todo a Cristo yo me entrego,
quiero serle fiel.[26]

Las sencillas palabras de este reconocido himno tocan una fibra profunda en nuestros corazones. Todas hemos sido llamadas por Dios y tenemos el privilegio de rendir nuestro todo a Él, de aceptar completamente su perfecta voluntad y de vivir una «vida rendida a Él». En Lucas 21 nos encontramos cara a cara con una mujer que verdaderamente hizo justo eso.

Jesús se detuvo a observar mientras estaba en el templo, y vio a mucha gente que echaba sus ofrendas en las alcancías. Estas ofrendas eran para el funcionamiento y el mantenimiento cotidiano del templo de Dios. Los ricos estaban ofrendando abiertamente sus grandes cantidades de dinero. Pero, lo que llamó la atención de Cristo fue una viuda pobre que, en silencio, estaba ofrendando dos monedas de poco valor. En su omnisciencia, Jesús sabía cuántas y de qué valor. Su ofrenda era dos blancas; una de las monedas que menos valían, dos «moneditas».

Sin embargo, Jesús sabía algo más. Tal vez Jesús aclaró su garganta antes de hablar y les dijo a las personas a su alrededor: «En verdad os digo, que esta viuda pobre echó más que todos. Porque todos aquéllos echaron para las ofrendas de Dios de lo que les sobra; mas ésta, de su pobreza echó todo el sustento que tenía» (vv. 3-4).

Estas palabras de elogio de Jesús por la ofrenda de sacrificio de esta querida viuda quedaron preservadas para siempre en la Palabra de Dios. Esta mujer y viuda pobre —esta mujer con escasos recursos— dio todo lo que tenía.

La Palabra de Dios nos dice que ofrendemos regularmente, abundantemente y con sacrificio. Cuánto das de lo que tienes y cómo haces esas ofrendas son las medidas verdaderas de tu amor por Dios. Como Jesús dijo: «donde esté tu tesoro, allí estará también tu corazón» (Mateo 6:21, NVI). ¿Dónde está tu corazón?

_____

_____

_____

_____

_____

_____

_____

_____

_____

_____

Sigue fielmente a Jesús

Y volviendo del sepulcro, dieron nuevas de todas estas cosas a los once, y a todos los demás.

Lucas 24:9

*H*ablamos, deseamos y oramos por una vida que vivamos fielmente caminando con Jesús. El círculo de mujeres que amó a Jesús y lo siguió fielmente hasta el final nos muestra lo que significa seguirlo verdaderamente:

- *Ellas siguieron a Jesús en vida.* Mientras Jesús ministraba por toda Jerusalén, Judea y Samaria, estas mujeres cuidaron de Él (Lucas 8:2-3).

- *Ellas siguieron a Jesús después de su muerte.* Este grupo de mujeres fieles esperaron al pie de la cruz, vieron cuando su cuerpo fue bajado de la cruz y caminaron hasta el sepulcro.

- *Ellas desempeñaron cabalmente su deber.* Estas queridas mujeres se dieron cuenta de que el cuerpo de Jesús no había sido preparado apropiadamente para su entierro. A la mañana siguiente, mientras se disponían a realizar el último deber por su Amigo fallecido, ¡recibieron la bendición de ser las primeras testigos de su resurrección y de conversar con el Señor resucitado (Juan 20:11-18)!

- *Ellas siguieron las instrucciones de Jesús.* Cuando hablaron con Jesús, les pidió que les contaran a los hermanos de Él lo que habían visto (Juan 20:17), ¡y ellas se apresuraron a hacerlo!

El verdadero discipulado requiere que sigas a Jesús en vida, en muerte, en deber y en obediencia. Permite que las palabras de este antiguo himno, «Me guía Él», se conviertan en la oración de tu corazón:

> Me guía Él, me guía Él.
> Con cuánto amor me guía Él;
> no abrigo dudas ni temor,
> pues me conduce el Buen Pastor.[27]

_____

_____

_____

_____

_____

_____

_____

_____

_____

_____

_____

122

María y Marta

El que cree en mí

Entonces Marta, cuando oyó que Jesús venía, salió a encontrarle.

JUAN 11:20

*U*na «pareja extraña» consiste en dos personas que responden a la vida de maneras opuestas. Sin duda, las hermanas María y Marta son un ejemplo de esto. Cuando Jesús las visitó, Marta se puso a trabajar con energía desenfrenada, mientras que María se sintió feliz con solo sentarse a sus pies. Hoy vemos a esta «pareja extraña» en una situación distinta. El hermano de ellas, Lázaro, estaba enfermo de gravedad. Las hermanas mandaron buscar a Jesús, pero Él no vino y su hermano murió. Cuando las hermanas escucharon que Jesús estaba llegando a su aldea, ¿cómo respondió Marta? Fiel a su estilo, se levantó, se dirigió a prisa hasta la puerta y corrió calle abajo para encontrarse con Él.

La declaración de fe de Marta. Tal vez la reacción de Marta haya sido abrupta y apresurada, pero su corazón tenía razón. Ella creía en Jesús y confiaba en su poder sanador. «Señor», se atrevió a decirle cuando llegó hasta Él, «si hubieses estado aquí, mi hermano no habría muerto».

La lección de fe de Marta. Marta hizo bien en ir hasta Jesús, pero no había entendido una verdad central sobre Él. Cuando le dijo: «sé ahora que todo lo que pidas a Dios, Dios te lo dará», Jesús la corrigió y declaró: «Yo *soy* la resurrección y la vida; el que cree en mí, aunque esté muerto, vivirá». Él le estaba diciendo: «Marta, no tengo que pedírselo a Dios. *¡Yo soy Dios!* En mí está la vida. El que cree en mí, vivirá».

Marta reconocía el poder de Jesús, pero su comprensión acerca de su deidad estaba incompleta hasta que Él la corrigió. ¿Crees que Jesús es Dios —Dios hecho carne— y que si crees en Él, aunque mueras físicamente, recibirás vida eterna? Ese fue el mensaje que Marta escuchó de los labios de Jesús y es su mensaje para nosotras también. Jesús le preguntó a Marta: «¿Crees esto?». ¿Lo crees *tú*?

123

Ofrendas de alabanza y adoración

Y le hicieron allí una cena; Marta servía, y... María... ungió los pies de Jesús, y los enjugó con sus cabellos.

JUAN 12:2-3

Antes que nos despidamos de María y Marta, echemos un vistazo por la ventana. Toda la familia está en la casa: María, Marta y Lázaro, a quien Jesús resucitó de entre los muertos. Vemos una celebración realmente alegre y estos amigos están preparando otra cena para su amado Jesús. La escena es educativa y de incalculable valor.

Servicio. Como de costumbre, Marta sirvió. ¿Nos sorprende? El servicio era la forma en que Marta expresaba su amor. Ella era una mujer práctica. Se deleitaba en atender las necesidades de Jesús y de sus otros seres amados.

¿Y tú? ¿Eres fiel en servir a Dios donde Él te ha puesto, recordando que cualquier cosa que hagas, debes hacerla «como para el Señor y no para los hombres» (Colosenses 3:23)? ¿Consideras las tareas domésticas prácticas —las cenas que preparas, los pisos que barres, la ropa que lavas— como expresiones de tu amor por Dios? Aunque estas tareas cotidianas puedan parecerte rutinarias, Dios conoce el sacrificio que requieren y se complace cuando nos ve haciéndolas como para Él.

Adoración. Como de costumbre, María adoró. Otra vez, ¿acaso nos sorprende? Aquella noche, ella derramó su caro aceite sobre los pies de Jesús como un acto de amor extravagante y, luego, María secó con su cabello los pies de Jesús.

¿Eres una adoradora de Dios apasionada? Es posible que se burlen de tus actos de adoración —como en el caso de María—, y la gente puede pensar que tu adoración es imprudente, que tu sacrificio de tiempo y dinero es un desperdicio, y que las cosas que haces para Él son una tontería. ¡Pero Dios acepta y agradece cada regalo y ofrenda de adoración que le haces!

Lidia

Un corazón abierto

Lidia… estaba oyendo; y el Señor abrió el corazón de ella para que estuviese atenta a lo que Pablo decía.

HECHOS 16:14

Lidia era una mujer muy influyente y con mucha iniciativa. En su corazón fueron sembradas las semillas de las que nació la iglesia en Filipos. Examinemos algunos de los hilos que se entretejen en el tapiz de la vida de Lidia:

- *Era mujer.* Este dato evidente es importante. Verás, se necesitaban diez *hombres* para organizar una sinagoga, y aparentemente no llegaban a este quórum en Filipos. Como no tenían una sinagoga donde reunirse, las mujeres se reunían para orar en las afueras de la ciudad.

- *Era una adoradora.* Lidia creía en el Dios de Israel, pero todavía no se había convertido en una seguidora de Jesucristo.

- *Estaba atenta.* Un día, cerca del río, el apóstol Pablo llegó a la reunión de oración de las mujeres, se sentó y comenzó a hablar de Jesús. Lidia escuchó.

- *Fue bautizaba.* Cuando la verdad sobre Jesucristo penetró en el corazón abierto de Lidia, ella aceptó el precioso regalo de la gracia de la salvación. Lo primero que hizo como cristiana fue bautizarse.

- *Era influyente.* Lidia no se bautizó sola. Evidentemente ella jugó un papel decisivo para que todos en su casa —tanto familiares como siervos— llegaran a ser creyentes.

- *Era hospitalaria.* Lidia no solo abrió su corazón, sino que también abrió su hogar. El mensaje de Pablo la había ayudado, y ahora ella quería ayudar proveyéndoles a él y a sus amigos un alojamiento acogedor.

¿En qué se parece tu vida a la de Lidia? ¿Te reúnes regularmente a adorar con otras creyentes? ¿Prestas atención y estás abierta a las enseñanzas de la Palabra de Dios? ¿Te bautizaste según el mandamiento del Señor? ¿Les estás hablando a otros de Cristo?

_____

_____

_____

_____

_____

_____

_____

_____

_____

_____

_____

125

Priscila

Un equipo magnífico para el Señor

[Pablo] se encontró con un judío llamado Aquila... y con su esposa Priscila... [y] Pablo fue a verlos.

HECHOS 18:2, NVI

*U*n par de sujetalibros. Esa es la imagen que viene a mi mente cuando pienso en Priscila y en su esposo, Aquila. Esta mujer y su esposo fueron un equipo magnífico que sirvió fielmente al reino de Dios:

- *Siervos:* Los nombres de Priscila y Aquila siempre se mencionan juntos, y eran un equipo en su matrimonio y en el ministerio.

- *Itinerantes.* Cada vez que se menciona a esta pareja, ellos estaban en un lugar distinto. Cada ciudad era un lugar clave para el ministerio.

- *Trabajadores.* Ellos hacían tiendas de campaña y trabajaban con pieles.

- *Hospitalarios.* Ellos abrieron sus corazones y sus hogares. Pablo se hospedó con ellos y la iglesia de Éfeso se reunió en su casa (1 Corintios 16:19).

- *Perseverantes.* Cuando les expulsaron de Roma, ellos conocieron la persecución, pero se mantuvieron fieles al Señor.

- *Entendidos.* Priscila y Aquila escuchaban atentamente mientras Pablo les enseñaba tanto a los judíos como a los griegos, y así adquirieron el conocimiento que necesitaban para servir a Jesús.

- *Dispuestos.* Este dúo de esposo y esposa hacía lo que fuera necesario, iba a cualquier sitio y hacía cualquier cosa por la causa de Cristo.

Si estás casada, debes apoyar los sueños de tu esposo y cumplir con tu parte de la responsabilidad con tu familia, con tu hogar, y con la vida en general.

Si eres soltera, la búsqueda de estas cualidades piadosas es importante para tu ministerio y servicio fieles al pueblo de Dios y a su reino.

Febe

Una radiante actitud de servicio

Les recomiendo a nuestra hermana Febe,
diaconisa de la iglesia de Cencreas.
ROMANOS 16:1, NVI

*T*odo el mundo necesita ayuda. Hay muchísimo por hacer y vivimos haciendo malabares con demasiadas responsabilidades; sin mencionar los pesares que soportamos y las aflicciones que enfrentamos. Y al apóstol Pablo le pasaba lo mismo. Segunda de Corintios 11 nos presenta una lista de las muchas pruebas que afrontó. Pero, ante aquellas pruebas, Pablo contó con la ayuda de Febe. Su nombre significa «brillante y resplandeciente», y Febe definitivamente es un ejemplo brillante de la actitud de servicio fiel que Dios desea en cada una de nosotras. Hay tres títulos especiales que describen a Febe y a su fiel ministerio:

- *Hermana.* Pablo llamó a Febe «nuestra hermana». Como un miembro de la familia de Dios devota y comprometida, Febe era una hermana cristiana para Pablo y los otros santos.

- *Sierva.* El apóstol la recomendó como «diaconisa de la iglesia». El honroso título de «sierva», del que se deriva «diácono» y «diaconisa», denota a alguien que sirve en cualquier cosa y a todos en la iglesia.

- *Ayudante.* Pablo elogió a Febe: «ella ha ayudado a muchas personas, entre las que me cuento yo». En griego, «ayudante» se refiere a un entrenador en los Juegos Olímpicos que se mantenía cerca de los atletas para asegurarse de que estuvieran entrenados y preparados adecuadamente para la competencia. «Ayudante» significa «persona que apoya en caso de alguna necesidad».

El mensaje de Dios para nosotras es claro. Al igual que todas las personas que aman a Dios, tienes que ser fiel en tu asistencia a la iglesia, estar lista cuando surja alguna necesidad y estar dispuesta para suplir cualquier necesidad. Esa clase de servicio dedicado y abnegado resplandece en nuestro mundo oscuro.

Como Pablo, tú también puedes darle gracias a Dios por Febe, pues es muy probable que ella haya llevado a Roma —en nombre de Pablo— el increíble libro de Romanos. Como un erudito escribió acertadamente: «Febe cargó debajo de los pliegues de su túnica todo el futuro de la teología cristiana».[28]

_____

_____

_____

_____

_____

_____

_____

_____

Loida

Legado divino

> *… la fe no fingida que hay en ti, la cual habitó primero en tu abuela Loida, y en tu madre Eunice.*
>
> 2 TIMOTEO 1:5

El versículo bíblico anterior une los cuadros de dos mujeres extraordinarias que amaban a Dios: el equipo de madre e hija, Loida y Eunice. Esto es lo que sabemos sobre Loida:

- *Su nombre.* Es muy probable que Loida signifique «agradable» y sabemos que el apóstol Pablo descubrió que eso era cierto.

- *Sus antecedentes.* Como judía devota, aparentemente Loida educó a su hija Eunice y a su nieto, Timoteo, en las escrituras del Antiguo Testamento, y esto preparó sus corazones para escuchar el mensaje sobre la vida eterna por medio de Jesucristo que Pablo predicó cuando pasó por Listra, su ciudad natal (Hechos 16:1).

- *Su fe.* Los elogios de otras personas demuestran respeto y honor por Loida. Pablo creía que la fe de Loida era genuina y sincera.

- *Su legado.* ¿Has oído hablar de Timoteo? Él fue el joven cristiano que acompañó a Pablo mientras predicaba el evangelio de Jesús y ayudaba a sembrar iglesias por toda la región del Mediterráneo. Este joven era nieto de Loida y se convirtió para Pablo en un verdadero hijo en la fe, y alguien a quien Pablo podía describir como «del mismo ánimo» con él (Filipenses 2:20).

- *Su título.* La Biblia menciona a muchas abuelas, pero Loida es la única a la que se refiere con el honrado y reverenciado título de «abuela».

Madres y abuelas tienen la misión de enseñarles la Palabra de Dios a sus hijos, y a los hijos de sus hijos.

Eunice

Las semillas de la fe

… la fe no fingida que hay en ti, la cual habitó primero en tu abuela Loida, y en tu madre Eunice.

2 TIMOTEO 1:5

Al estudiar el retrato de Eunice, la hija de Loida y la madre de Timoteo, tal vez te sorprenda una de las pinceladas de su vida cotidiana: el esposo de Eunice no era creyente (Hechos 16:1). Eunice era una creyente judía que le habló de su fe a su hijo Timoteo, y lo inspiró a creer en Jesucristo.

¿Tienes un esposo que no es creyente? ¿Conoces a alguna mujer en esa posición? ¡Anímate! Si te preocupa que tus hijos no disciernan la verdad sobre Jesús debido a que su padre les representa diariamente otro sistema de creencias o de valores, ten la certeza, por medio de Eunice, de que la verdad siempre es más resplandeciente. También recuerda que tus hijos son «santos», separados para el Señor por la presencia de Cristo en ti (1 Corintios 7:14). Y como Cristo vive en ti, ¡Cristo vive en tu hogar! Eso significa que tus hijos e hijas están expuestos a una testigo piadosa, lo quieran ellos o no, y sin importar si se dan cuenta o no. Ellos tienen bendición y protección divinas gracias a ti, su madre creyente.[29]

Entonces, ¡anímate! Sé fiel para sembrar las semillas del amor y de la verdad divina. Sé diligente para hablar de la Biblia con tus pequeñines. Aprovecha todas las oportunidades para orar con ellos y por ellos. Comparte las maravillosas historias sobre Jesús y los detalles específicos de cómo Él se convirtió en tu Salvador y cómo puede llegar a ser el de ellos. Mantente firme en tu fe… y en tu fe por el desarrollo espiritual de tus hijos. Y, sobre todo, sé ejemplo del amor de Dios en tu vida. Cuando te sientas desanimada, y parezca que tus esfuerzos piadosos por tus hijos y tus hijas están fracasando, sigue adelante y recuerda: «el que está en ustedes es más poderoso que el que está en el mundo» (1 Juan 4:4, NVI).

Únete a la familia de Dios

Porque de tal manera amó Dios al mundo, que ha dado a su Hijo unigénito, para que todo aquel que en él cree, no se pierda, mas tenga vida eterna. Porque no envió Dios a su Hijo al mundo para condenar al mundo, sino para que el mundo sea salvo por él.

JUAN 3:16-17

¿Cómo puedes convertirte en cristiana y unirte a la familia de Dios? Juan 1:12 dice: «Mas a todos los que le recibieron, a los que creen en su nombre, les dio potestad de ser hechos hijos de Dios». Necesitas hacer dos cosas importantes:

Creer. Jesucristo es la viviente Palabra de Dios, y Dios te llama a reconocerlo como Dios hecho carne y a poner tu fe en Él como Salvador y Señor.

Recibir. Para llegar a ser una hija de Dios, tienes que recibir a Jesucristo como tu Salvador personal, reconocer su muerte y su resurrección en tu favor por tus pecados, y recibir su regalo de vida eterna con Él.

¿Le has entregado tu vida a Jesucristo? ¿Has recibido el regalo de la gracia y la salvación de Dios, y la vida eterna por medio de su Hijo? Creer en Jesús como Dios hecho carne y recibirlo en tu corazón y en tu vida por fe te coloca en la familia de creyentes de Dios. Si quieres dar hoy este paso de fe, ora esta sencilla oración:

> *Jesús, soy una pecadora, pero hoy me alejo de mis pecados y voy a seguirte a ti. Creo que moriste por mis pecados, y que resucitaste victorioso sobre el pecado y la muerte. Te acepto en este momento como mi Salvador personal. Ven a mi vida y ayúdame a seguirte desde este día en adelante. ¡Gracias!*

Según vayas leyendo las páginas de tu Biblia, encontrarás la verdad, la motivación, la emoción y el consuelo de Dios.

_____

_____

_____

_____

_____

_____

_____

_____

_____

_____

_____

_____

Notas

1. John Milton, *Eve*.

2. Neil S. Wilson, ed., *The Handbook of Bible Application* (Wheaton, IL: Tyndale House Publishers, Inc., 1992), p. 485.

3. Elizabeth George, *Un mujer conforme al corazón de Dios* (Miami, FL: Editorial Unilit, 2001), p. 32.

4. Mrs. Charles E. Cowman, *Streams in the Desert*, vol. 1 (Grand Rapids, MI: Zondervan Publishing House, 1965), p. 331. Publicado en español por Casa Bautista de Publicaciones con el título *Manantiales en el desierto*.

5. Ben Patterson, *Waiting* (Downers Grove, IL: InterVarsity Press, 1989), p. i.

6. Anne Ortlund, *Building a Great Marriage* (Old Tappan, NJ: Fleming H. Revell Company, 1984), p. 146.

7. Adaptado de 1 Corintios 13:7-8.

8. Lord Dewar.

9. Ver Jueces 4:4; 2 Reyes 22:14; Lucas 2:36; Hechos 21:9.

10. Adaptado de los principios encontrados en J. Oswald Sanders, *Spiritual Leadership* (Chicago: Moody Press, 1967). Publicado en español por Editorial Portavoz con el título *Liderazgo espiritual*.

11. Elizabeth George, *Beautiful in God's Eyes* (Eugene, OR: Harvest House Publishers, 1998), pp. 13-16. Publicado en español por Patmos con el título *Hermosa a los ojos de Dios*.

12. Julie Nixon Eisenhower, *Special People* (Nueva York: Ballantine Books, 1977), pp. 3-37.

13. Matthew Henry, *Matthew Henry's Commentary*, vol. 2, pp. 204-205.

14. Herbert Lockyer, *Todas las mujeres de la Biblia* (Grand Rapids, MI: Editorial Vida, 2004), s.p.

15. Ibíd., s.p.

16. Adaptado de Herbert Lockyer, *All the Kings and Queens of the Bible* (Grand Rapids, MI: Zondervan Publishing House, 1971), p. 212.

17. Lockyer, *Todas las mujeres de la Biblia*, s.p.

18. Walter B. Knight, *Knight's Master Book of New Illustrations* (Grand Rapids, MI: Wm. B. Eerdmans Publishing Company, 1979), pp. 204-205.

19. Ibíd.

20. Ibíd.

21. Ibíd.

22. El contenido de esta lectura devocional está basado en Elizabeth George, *Loving God with All Your Mind* (Eugene, OR: Harvest House Publishers, 1994), p. 183. Publicado en español por Editorial Portavoz con el título *Ama a Dios con toda tu mente*.

23. Gien Karssen, *Her Name Is Woman* (Colorado Springs: NavPress, 1975), p. 131. Publicado en español por Editorial Clie con el título *Su nombre es mujer*.

24. Charles Caldwell Ryrie, *The Role of Women in the Church*, citado por Walter F. Adeney (Chicago: Moody Press, 1970), p. 34.

25. William Barclay, *The Gospel of Luke*, ed. rev. (Filadelfia: The Westminster Press, 1975), p. 97. Publicado en español por Editorial Clie con el título *Comentario al Nuevo Testamento*.

26. Judson W. Van Deventer, himno, «I Surrender All», 1896.

27. Joseph H. Gilmore, himno, «He Leadeth Me» [«Me guía Él», traducido por Epigmenio Velasco], 1862.

28. Marvin R. Vincent, *Word Studies in the New Testament*, vol. III, «The Epistles of Paul», citando a Renan (Grand Rapids, MI: Wm. B. Eerdmans Publishing Co., 1973), p. 177.

29. Elyse Fitzpatrick y Carol Cornish, *Women Helping Women* (Eugene, OR: Harvest House Publishers, 1997), pp. 207-19.

¡Descubre las riquezas de la gracia de Dios en tu vida!

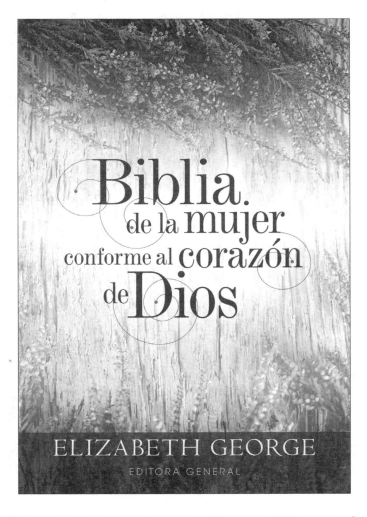

La *Biblia de la mujer conforme al corazón de Dios* es una Biblia que te informa e instruye, te inspira y edifica, y te deleita y ayuda cada día. Entre sus herramientas de estudio, la Biblia incluye introducciones a los libros de la Biblia, 172 biografías de las principales mujeres y hombres de la Biblia, 25 artículos de sabiduría y 400 perlas de sabiduría, lecturas devocionales diarias, lecciones para la mujer de hoy y más.

Disponible en tapa dura y dos ediciones de lujo.

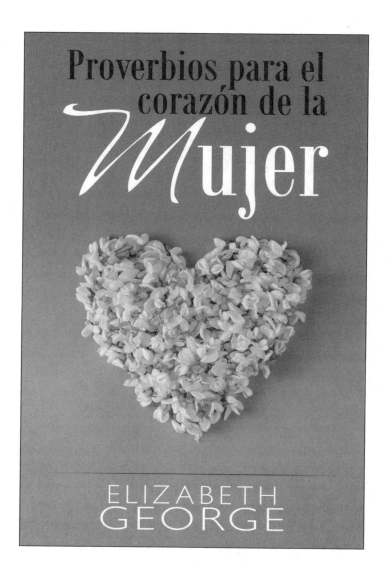

¿Estás estresada con tus responsabilidades? ¿En una encrucijada en tu vida? ¿Te preguntas qué hacer con una relación complicada? No adivines sobre tu siguiente paso en la vida. Obtén una visión clara del camino correcto mientras sigues la sabiduría de Dios que se encuentra en el libro de Proverbios. La autora de mayor venta y maestra de la Biblia, Elizabeth George te lleva en un viaje a través de 31 capítulos de Proverbios, que cubren los asuntos más cercanos a tu corazón.

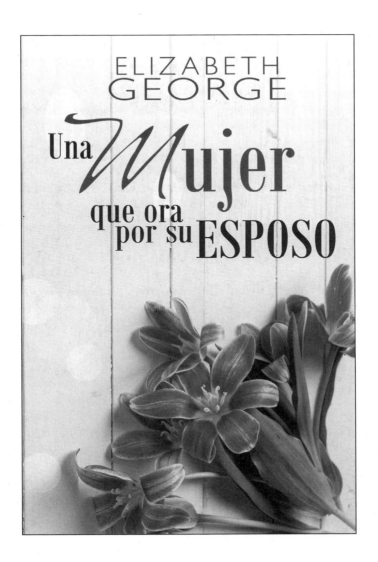

ELIZABETH
GEORGE

Una Mujer
que ora
por su ESPOSO

Orar las Escrituras es especialmente poderoso porque estás orando lo que Dios desea para tu esposo. Al orar así, traerás una profunda unidad en tu relación matrimonial, estarás más consciente de la obra de Dios en la vida de tu esposo y le dará a él una firme confianza de que estás de su lado. Al acercarte a Dios, acercarás a tu esposo también. El hábito de pedirle a Dios por dirección en la vida de tu pareja los animará y los enriquecerá espiritualmente.

EDITORIAL
PORTAVOZ

NUESTRA VISIÓN

Maximizar el efecto de recursos cristianos de calidad que transforman vidas.

NUESTRA MISIÓN

Desarrollar y distribuir productos de calidad —con integridad y excelencia—, desde una perspectiva bíblica y confiable, que animen a las personas a conocer y servir a Jesucristo.

NUESTROS VALORES

Nuestros valores se encuentran fundamentados en la Biblia, fuente de toda verdad para hoy y para siempre. Nosotros ponemos en práctica estas verdades bíblicas como fundamento para las decisiones, normas y productos de nuestra compañía.

Valoramos la excelencia y la calidad
Valoramos la integridad y la confianza
Valoramos el mérito y la dignidad de los individuos
y las relaciones
Valoramos el servicio
Valoramos la administración de los recursos

Para más información acerca de nuestra editorial y los productos que publicamos visite nuestra página en la red: www.portavoz.com